ସନ୍ଦିଗ୍ଧ ମୃଗୟା

ସନ୍ଦିଗ୍ଧ ମୃଗୟା

ରମାକାନ୍ତ ରଥ

ବ୍ଲାକ୍ ଇଗଲ୍ ବୁକ୍ସ
ଭୁବନେଶ୍ୱର, ଓଡ଼ିଶା

BLACK EAGLE BOOKS
Dublin, USA

ସନ୍ଦିଗ୍ଧ ମୃଗୟା / ରମାକାନ୍ତ ରଥ

ବ୍ଲାକ୍ ଇଗଲ୍ ବୁକ୍ସ : ଭୁବନେଶ୍ୱର, ଓଡ଼ିଶା ● ଡବ୍ଲିନ୍, ଯୁକ୍ତରାଷ୍ଟ୍ର ଆମେରିକା

BLACK EAGLE BOOKS

USA address:
7464 Wisdom Lane
Dublin, OH 43016

India address:
E/312, Trident Galaxy, Kalinga Nagar,
Bhubaneswar-751003, Odisha, India

E-mail: info@blackeaglebooks.org
Website: www.blackeaglebooks.org

First International Edition Published by
BLACK EAGLE BOOKS, 2023

SANDIGDHA MRUGAYA
by **Ramakanta Rath**

Copyright © **Ramakanta Rath**

All rights reserved. No part of this publication may be reproduced, stored in a retrieval system, or transmitted, in any form or by any means, electronic, mechanical, photocopying, recording or otherwise without the prior permission of the publisher.

Cover & Interior Design: Ezy's Publication

ISBN- 978-1-64560-413-6 (Paperback)

Printed in the United States of America

ସୂଚିପତ୍ର

ପବନ	୭
ସନ୍ଧ୍ୟା	୯
ଭୁଲାମନ	୧୨
ଗ୍ରୀଷ୍ମଋତୁରେ ରେଳଯାତ୍ରା	୧୪
ବସନ୍ତ ଋତୁ	୧୯
ରଜାଙ୍କ ରୋମାନ୍‌ସ	୨୨
ସ୍ୱର୍ଗାରୋହଣ	୨୮
ହେମଲତାର ମୃତ୍ୟୁ	୩୨
ମାଷ୍ଟ୍ରାଣୀ	୩୪
ହୃଦୟେଶ୍ୱରୀ	୩୮
ପଶାଖେଳ	୪୪
ସମୁଦ୍ର କୂଳ	୪୭
ସେ ସକଳ ମୃତ୍ୟୁ	୫୦
ଦିଗ୍‌ବିଜୟ	୫୩
ବାର୍ଦ୍ଧକ୍ୟ	୫୬
ଦିନ କଣ ରାତି କଣ	୫୮
କଳାହସ	୬୧
ପାରିଧି	୬୪
ରାଣୀ	୬୬
ଅତିଥି ସତ୍କାର	୬୮
ନିଜଲୋକ	୭୧
ସନ୍ଧ୍ୟାବେଳର ଦୃଶ୍ୟ	୭୩
ସ୍ମୃତି	୭୯
ସ୍ମୃତିସ୍ତମ୍ଭ	୮୦
ସମୟକୁ ଚାରୋଟି ଚୋରା ଚାହାଣି	୮୨
ଭୂତକେଳି	୮୭
ଭିକାରୁଣୀର ବରାନୁଗମନ ଦର୍ଶନ	୮୯
ଶ୍ରୀମନ୍ଦିର	୯୧
ମାଧବୀର ପଞ୍ଚତ୍ରିଂଶତମ ଜନ୍ମୋତ୍ସବ	୯୩
ରାତିର ଆକାଶ	୯୬
ସୂର୍ଯ୍ୟାସ୍ତରେ ଖରା ଶେଷ ନୁହେଁ	୯୭
ବୁଢ଼ାଲୋକ	୯୯
ପୃଷ୍ଠବନ୍ଧ	୧୦୧

ପବନ

ପବନ ବୋହିଲା କାଲି, ଭୀଷଣ ପବନ, ରାତିସାରା ମୋର
ଆଖିପତା ପଡ଼ିନାହିଁ, ବାରମ୍ବାର ଝରକା ଦୁଆର
ପବନରେ ପିଟି ହେଲେ, କିଳିଦେବା ପରେ ବି ଅଧୈର୍ଯ୍ୟ
ଟେଲିଗ୍ରାମ୍ ବାଲା ପରି ଧକ୍କା ଦେଲା, ଉଡ଼ିଲେ ଆଶ୍ଚର୍ଯ୍ୟ
କୁଆମାନେ କା କା କରି ତାଙ୍କ ଦୋହଲିବା ଗଛର ବସାରୁ
ହ୍ୱିସିଲ୍ ଶୁଭିଲା ତା'ର ମୋ କାନର ପୋଖରୀ ହୁଡ଼ାରୁ।
ପବନ ଉଡ଼େଇ ନେଲା ପୂର୍ଣ୍ଣ କରି ନିର୍ଜନ ରାସ୍ତାକୁ
ମୃତ ସୈନ୍ୟମାନଙ୍କର ପରେଡ୍‌ରେ ଶୁଖିଲା ପତ୍ରଙ୍କୁ।

ପବନ ବୋହିଲା କାଲି, ଭୀଷଣ ପବନ, ବହୁ ପୂର୍ବ କାଳେ
ଯେଉଁପରି ବୋହିଥିଲା, ହାତଗୋଡ଼ ଛୋଟ ସେତେବେଳେ।
କ୍ରମଶଃ ବୟସ ହେଲା ଲମ୍ବା ହେଲେ ହାତଗୋଡ଼ ମୋର,
ବେକ ହେଲା ମୋଟା ଏବଂ ପ୍ରସ୍ଥ ବେଶୀ ହେଲା ମୋ ଛାତିର।
ତାପରେ ମୁଁ ଲଇଁଗଲି ଗଛପରି, ଏବଂ ତମେ ମୋର
ଫେରାର୍ ଫୁଲର ବାସ୍ନା, କିମ୍ବା ଅନ୍ତର୍ଦ୍ଧାନ ରାଜତ୍ୱର
ତମ୍ବାପଟା, ମୁଦ୍ରା, କିମ୍ବା କେଉଁ ଭଙ୍ଗା ଦେଉଳ କାନ୍ଥରେ
ଅପସରା ଓଠରେ ଏକ ସରୁ ହସ, କିମ୍ବା ପବନରେ
ତ୍ରସ୍ତ ଏକ ପକ୍ଷୀ ପରି ଉଡ଼ିଗଲ ଏବଂ ମୋ ଦୁଆର
ଝର୍କାମାନେ ପିଟି ହେଲେ ପବନରେ। ମନେକର ମୋର

ଲମ୍ବା ଲମ୍ବା ହାତ ଗୋଡ଼, ମୋଟା ବେକ ଓ ପ୍ରଶସ୍ତ ଛାତି
ହଠାତ୍ ଏକ ମୁହୂର୍ତ୍ତରେ ଦେଖାଗଲା ସେମାନେ ନାହାନ୍ତି,
ସେମାନଙ୍କୁ ବାନ୍ଧିଥିବା ଡୋର ଗଲା ଛିଣ୍ଡି ଏବଂ ମୋର
ପ୍ରତିକୃତି ପରି, ଲହ ଲହ ନିଆଁର ଆଲୁଏ
ମୁହଁର ଅର୍ଦ୍ଧାଂଶ ଜଳେ, ଏବଂ ଅନ୍ୟ ଅଂଶ ମିଶିଯାଏ
ଅନ୍ଧାରରେ, କୋତରା ଓ କଳା କୋଟ୍ ସାଙ୍ଗେ; ତାହା ହେଲେ
ମୁଁ କ'ଣ ପାରିବି କହି ତ୍ରସ୍ତକୁଆମାନେ ଉଡୁଥିଲେ
ପବନରେ କା କା କରି ? କାଲି ହେଲା ଭୀଷଣ ପବନ ?
ରାତିସାରା ପଡ଼ିନି ମୋ ଆକ୍ଷି ପତା ? ପବନ ? ପବନ ?

ସନ୍ଧ୍ୟା

"ବହୁକାଳ ବିଦେଶରେ ଭ୍ରମଣ କଲେ, ଆଉ ଆପଣଙ୍କୁ ଗୃହରୁ ବହିର୍ଗତ ହେବାକୁ ହେବନାହିଁ। ଆଜିଠାରୁ ଆପଣ ଚିରକାଳ ବିଶ୍ରାମ କରିବେ। ଜଗନ୍ନାଥ ଆପଣଙ୍କ ତପସ୍ୟାର ଫଳ ଆପଣଙ୍କୁ ଅବଶ୍ୟ ଦେବେ।"

***ପାର୍ବତୀ** କାବ୍ୟର ଉପସଂହାର - କବିବର ରାଧାନାଥ*

ମୁଁ ଉଠୁଛି, ସତେ ଅବା ମୁଁ ଚଢୁଛି ଢେଉ ଉପରକୁ।
ମୁଁ ଖସୁଛି, ସତେ ଅବା ଭଙ୍ଗା ଢେଉ ସାଙ୍ଗେ ମୋ ସମ୍ପୂର୍ଣ୍ଣ
ଶରୀର ଖସୁଛି ଏବଂ ଲାଗୁଅଛି ମୁଁ ଏକ କୁଣ୍ଢେଇ
ଯାହାକୁ ଧରିଚି କାହା ଜୋର୍‌ଦାର୍ ଓ ଖିଆଲୀ ହାତ।
ଯଦି ସେ ହାତର ଇଚ୍ଛା ହୁଏ ପଦ୍ମଫୁଲ ଧରିବାକୁ
ମୁଁ ତେବେ କୁଆଡ଼େ ଯିବି ? ଅସମୟେ ବୁଢ଼ା ହୋଇଯାଇ
ତମର ରକ୍ତାକ୍ତ କୋଳେ ଶୋଇବି ଓ କହିବି ଯେ ଯଦି
ତମେ ବଞ୍ଚିଅଛ ମତେ କମ୍ବଳରେ ଘୋଡ଼ାଇ ଦିଅ ତ।

ତମେ କେତେ ଭଲ ଲାଗ, କେତେ ଭଲ ଲାଗୁଛି ଶୋଇଲେ
ତମର କୋଳରେ, ହେ ମୋ ମୃତ ପ୍ରିୟତମା। ଦିଗ୍‌ବଳୟ
ଯାଏଁ ଲମ୍ବିଥିବା ଏ ଧୂସର ପ୍ରାନ୍ତର କି ତମ ଛାତି ?
ଧୂସର ଓ ହଳଦିଆ ରଙ୍ଗ ମିଶା, ବସ୍ତୁତଃ ମଳିନ
ଧଳା ଦିଗ୍‌ବଳୟ କ'ଣ ତମ ବେକ ? ତମେ ବଞ୍ଚିଥିଲେ
ହସି ହସି ଲୋଟିଆନ୍ତ, ଏବଂ ଯଦି ପଚାରି ଥାଆନ୍ତି
କାହିଁକି ହସୁଚ ବୋଲି ତମେ ମତେ ବିସ୍ମିତ ବିଦ୍ରୂପେ

ପେଲି ଦେଇ ହସିଥାନ୍ତ ଆହୁରି ଓ ତାପରେ ଶ୍ମଶାନ
ଏବଂ ସନ୍ଧ୍ୟା ମଧ୍ୟେ ହଜି ଯାଇଥାନ୍ତି ଟ୍ୟାକ୍‌ସି ଚଢ଼ି, ମତେ
ଏକୁଟିଆ ଛାଡ଼ିଦେଇ ବାହୁନିବା ମିଶା ପ୍ରେମାଳାପେ।
ମୋ ହସ କାନ୍ଥରେ ଝୁଲେ ଫ୍ରେମ୍ ଦିଆ ଛବିପରି ତମ
ଫଟୋଗ୍ରାଫ୍ ପାଖରେ ଓ ମିଶିଯାନ୍ତି ଦୁଇ ପ୍ରତିଧ୍ୱନି
ଗୋଟିଏ ଶବ୍ଦରେ ଯାହା କେତେବେଳେ କୌଣସି ପ୍ରାଚୀନ
କୁକୁର ଭୁକିବା ପରି ଶୁଭେ, ଏବଂ ଅନ୍ୟ କେତେବେଳେ
ହସପରି ଫାଟିପଡ଼େ। ମୁଁ ହସିବା ବ୍ୟତୀତ କି କାମ
କରିବାକୁ ବାକୀ ଅଛି ? ଜୀବନରେ ଏ ମୁହୂର୍ତ୍ତମାନ
କ୍ୱଚିତ୍ ଆସନ୍ତି, ଏହି ପାଖାପାଖି ଝୁଲୁଥିବା, ଆଉ
ଦେହକୁ ଦେହରେ ଘଷି ଉଲୁସିବା ପର୍ଦ୍ଦା ଆଢୁଆଳେ,
ନିର୍ଜନ ଖୁସିରେ ଆକ୍ରାମାକ୍ରା ହେବା, ଏପରି ମୁହୂର୍ତ୍ତ
ସବୁବେଳେ ଆସେ ନାହିଁ, ସୁତରାଂ ସୂର୍ଯ୍ୟ ବୁଡ଼ିଯାଉ
ଓ ମୁଁ ତମ ଫଟୋଗ୍ରାଫ୍ ଜାକିବି ମୋ ଛାତି ଉପରେ, ତା
ଓଠକୁ ଚୁମ୍ବନ ଦେବି, କିମ୍ବା ଥାପୁଡ଼ାଇ ତା ପିଠିକୁ
କାନରେ କହିବି ତା'ର ସବୁବେଳେ ଏପରି ମୁହୂର୍ତ୍ତ
ଆସେ ନାହିଁ, କିମ୍ବା ତା'ର କାନ୍ଦ, ଲୁହ, ରକ୍ତାକ୍ତ ଅବସ୍ଥା
ତଡ଼ିଦେବି ଡିଆଁଇ ଏ ଦିଗ୍‌ବଳୟ ଦୋସରା ଜାଗାକୁ।
ତା'ପରେ ହସିବି ମୋର ଛାତିଫାଟି ନ ଯିବା ପର୍ଯ୍ୟନ୍ତ।

ହେ ମୋ ଲାଜକୁଳୀ ପ୍ରିୟା, ହେ ମୋ ପ୍ରବଞ୍ଚିତ ଯୌବନର
ହସୁଥିବା ଶବାଧାର, ଏବେ ଦେଖ ଅନ୍ୟ ଦିଗ୍‌ବଳୟ
ଗାଢ଼ ଲାଲ୍ ରଙ୍ଗ ଦିଶେ। ସମୁଦ୍ରର ଲୋହିତ ଝଡ଼ରେ
ହଠାତ୍ ନିଶ୍ଚିହ୍ନ ହେଲା ନିଃସହାୟ ସାନ୍ଧ୍ୟ ଭ୍ରମଣ ଓ
ଆଉ ନାହିଁ ଫୁସ୍‌ଫାସ୍ କଥାବାର୍ତ୍ତା, ଦୀର୍ଘ ନିଃଶ୍ୱାସର
କାନପାଖେ ଟହଲିବା, ଆଉ ନାହିଁ ଡବଲ୍ ଖଟରେ
ଦିଜଣିଆ ଚାଦର, ବା ଅସ୍ତବ୍ୟସ୍ତ ବେଣୀ, ଅଛି ଖାଲି
ହସର ଅସ୍ପଷ୍ଟ ଧ୍ୱନି। ମୋ ଦେହରୁ କମ୍ବଳ କାଢ଼, ଓ
ମୁଁ ଦେଖେ ତମର କ୍ଷତ, ତାହାପରେ ପ୍ରଶସ୍ତ ହସିଲା

ମୁହଁରେ ମୁଁ ଓହ୍ଲାଇବି ଢେଉ ସାଙ୍ଗେ ଦୋହଲି ହୋହଲି
କଠଉକୁ ଠକ୍‌ଠକ୍ କରି ତମ ରଙ୍ଗ ବିଛଣାକୁ
ଖସିବା ଉତ୍ତାରେ ତମେ ମୁରୁକେଇ ଅବଶ୍ୟ ହସିବ,
କି ଦୀର୍ଘ ବିଚ୍ଛେଦ ପରେ ଜାହାଜର ଡୁକୁଡ଼ା ଦିଶିଲା !

ଭୁଲାମନ

ମୁଁ ତା'ର ଫୁଲିଲା ଏବଂ ଶଙ୍ଖମଲ୍‌ମଲ୍
ବିବସ୍ତ୍ର ପେଟକୁ ଆସ୍ତେ ଥାପୁଡ଼ାଉ ଥିଲି
କାଳେ ତାକୁ କଷ୍ଟ ହେବ ଏବଂ ତା ପେଟରେ
ଯାହା ଥିଲା କାଳେ ତାକୁ କଷ୍ଟ ହେବ ବୋଲି ।
କ୍ରମେ ଶୀତଦିନ ରାତି ଅଧର କୁହୁଡ଼ି
ପରି ମୋ ପାପୁଲି ହେଲା ଓଜନିଆ ଏବଂ
ଆସ୍ତେ ହାତ ଭର୍ତ୍ତି କରି ସଜନାପତ୍ରଙ୍କ
କମ୍ବଳରେ ମୁଁ ଚନ୍ଦ୍ରର ପେଟ ଆଉଁସିଲି ।

ସବୁକିଛି ଠିକ୍ ଥିଲା, ଖଟର ବେଲୁର୍
ଲଇଁଥିଲା ତା ଦେହର ଭାଙ୍ଗ ଅନୁସାରେ,
ଶାଢ଼ୀ ଲାଗୁଥିଲା ସେହି ଶାଢ଼ୀ ପରି ଯାହା
କୁମାର ପୂର୍ଣ୍ଣିମା ଦିନ କିଣିଥିଲି ଊଣିଶ ଟଙ୍କାରେ,
କାଠ ଥଣ୍ଡା ଲାଗୁଥିଲା, ଏପରିକି ତା'ର
ନିଃଶ୍ୱାସ ବି ପୂର୍ଣ୍ଣ ଥିଲା କନିଆରୀ ଫୁଲ
ବାସ୍ନାରେ, ସ୍ମୃତିରେ, ପେଚା କୁହାଟରେ ଏବଂ
ରହି ରହି ଶୁଭୁଥିବା ମୃଦଙ୍ଗ ଶବ୍ଦରେ ।

ଯାତାୟାତ ଚାଲିଥିବ କିଛିକ୍ଷଣ ଧରି,
ସମ୍ଭବତଃ ମୁଁ ଘୁମାଇ ପଡ଼ିଛି, ଦେଖିନି
ସ୍ୱାଗତର ତୋରଣ ବା ବିଦାୟକାଳୀନ

ସଙ୍ଗୀତର ହାୟ ହାୟ କାନ୍ଦଣା ଶୁଣିନି।
ସମ୍ଭବତଃ ମୁଁ କାନ୍ଦିଛି ବସି ସେ ପୋଲରେ
ଗୋରୁମାନେ ଦେହ ଘଷି ହେବାବେଳେ ଏବଂ
ଶଗଡ଼ିଆମାନେ ଦଣ୍ଡା ଠେଲୁଥିଲା ବେଳେ,
ଲୋକେ କହୁଥିଲା ବେଳେ କାନ୍ଦନି କାନ୍ଦନି।
ମୁଁ କିନ୍ତୁ ଯାଇଛି ଭୁଲି ସେ ଭାଷା, ତାହାର
ସାନ୍ତ୍ୱନା ଦଉଡ଼ିଗଲେ ପରସ୍ପର ପଛେ
ଦୌଡ଼ିବା କୁକୁର ପରି, ଖବରକାଗଜ
ବିକାଳି ପରି। ମୁଁ ଏତେ ଖିଆଲ୍ ରଖିନି।

ସମୟ କେଉଁଠି ଥିଲା ? ଏପରି ସମୟେ
ଆଣ୍ଠୁ ଥରେ, ରକ୍ତଦାଗ ପୋଛିବାକୁ ହାତ
ଥରେ ଓ ମୋ ମନେପଡ଼େ ମଧୁଶଯ୍ୟା ଏବଂ
ତେଲଚିକ୍‌ଟା କମ୍ବଳରେ ସେମାନେ ଆବୃତ
ଯାହାଙ୍କର ପତ୍ନୀମାନେ ବଞ୍ଚିଛନ୍ତି, କିନ୍ତୁ
ସମୟ କେଉଁଠି ଅଛି ? ଚନ୍ଦ୍ରର ଆଲୁଅ
ଟାଇଲ୍ ଛାତରେ କରେ ଚକ୍ ଚକ୍, ତା'ର
ନିର୍ଜ୍ଜନତା ଜାଳିଦିଏ ଆକାଶ, ପର୍ବତ।
କ୍ରମେ ମୋ ପାପୁଲି ହୁଏ ଓଜନିଆ ଏବଂ
ଆଉଁସେ ଫୁଲିଲା ପେଟ କମ୍ବଳ ଭିତରେ
ସକାଳ ପର୍ଯ୍ୟନ୍ତ ଏବଂ ମୁଁ ତ ସୂର୍ଯ୍ୟାଲୋକ,
ଆରାମ କରୁଛି ପୋଲ ଉପରେ ପର୍ବତ
ଉପରେ ଓ ଏପରିକି କମ୍ବଳ ଉପରେ
ଯାହା ମୋ କୁହୁକ ଖଟ ଉପରେ ବିସ୍ତୃତ।

ଗ୍ରୀଷ୍ମଋତୁରେ ରେଳଯାତ୍ରା

ବର୍ତ୍ତମାନ ଲୁହ ପୋଛେଁ। ମତେ କାନ୍ଦ ମାଡ଼ୁ ନ ଥିଲା ଓ
ଘରକୁ ଫେରିବା ବେଳେ ପତ୍ନୀଙ୍କର ଗର୍ବ ଲାଗି ଏବଂ ଛୁଆଙ୍କର
କଥାବାର୍ତ୍ତା ପାଇଁ ଆଖି ଭର୍ତ୍ତି କଲି ଲୁହରେ ଓ ଓଠ କାମୁଡ଼ିଲି।
ସ୍ୱାମୀ ଏବଂ ପିତା ହେଲେ ସବୁବେଳେ କରଛଡ଼ା ଦେବା
ଅସୁନ୍ଦର। ବେଳେ ବେଳେ ଫାଙ୍କାଭାବେ ଆକାଶକୁ ଚାହିଁବ ଝର୍କାର
ରେଲିଂ ଜାବୁଡ଼ି ଧରି। ବେଳେ ବେଳେ ଅବସ୍ଥାର ଗୁରୁତ୍ୱ ଦୃଷ୍ଟିରୁ
କାନ୍ଦିବା ଉଚିତ ମଧ୍ୟ, ଓଠ ଚିପି, ଯେମିତି ମୁଁ ଆଜି କାନ୍ଦୁଥିଲି।

ମୁଁ ମୋର ଜାଗାରେ ବସି ଜୋତା ମୋଜା ଖୋଲିଦେଇ ସାରି
ଦୁଇ ଗୋଡ଼ ଛନ୍ଦିଦେଇ ରଖି ଏକ ପତ୍ରିକା ଜଙ୍ଘରେ
ପଢ଼ିବାକୁ ଚେଷ୍ଟା କରେ। ମୋ ମନର ଅର୍ଦ୍ଧାଂଶରେ ଭୟ
ଏବଂ ବାକୀ ଅଧକରେ ନାନା ଚିନ୍ତା। ତେଣୁ ଖାଲି ଛବି ଦେଖିବା ଓ
ଛୋଟ ଛୋଟ ଅକ୍ଷରରେ ଛପା ସେହି ଛବିଙ୍କ ବିଷୟ
କିଛିଟା ବୁଝିବା ଛଡ଼ା ଆଉ କିଛି ପଢ଼ି ହେଉ ନାହିଁ।
ସେ ଏକ ପ୍ରକାର ଭଲ। ଏହାଠାରୁ ମୋଟା ମୋଟା ବହି ପଢ଼ିବା ଓ
ଚରାଚର ବିଶ୍ୱ ସଙ୍ଗେ ମୋହର ଏ ପାଞ୍ଚୋଟି ଇନ୍ଦ୍ରିୟ
କିପରି ଜଡ଼ିତ ଏବଂ ଖରାବର୍ଷା ସୁଖଦୁଃଖ ଡେଇଁ
ଏ ପିଣ୍ଡ ଖୋଜିବ କ'ଣ ଏ ସବୁ ମୁଁ ବୁଝିବା ଉଚିତ।
ଅବଶ୍ୟ ଏକଥା ସତ ବର୍ତ୍ତମାନ ଭୀଷଣ ଗରମ
ଓ ମୋର ପଡୁଛି ମନେ ମୋ ଶୀତଳ ଶୋଇବା ବଖରା,

କିନ୍ତୁ ମୋ ମନରେ ଏକ ଅସନ୍ତୋଷ। ଏସବୁକୁ ପରିତ୍ୟାଗ କରି
ମୁଁ ଯାଆନ୍ତି ଦେଶାନ୍ତର, ଏସବୁ ତ ମାଂସର ଆରାମ।
ନରମ ଅନ୍ଧାର ଏବଂ ବିବାହିତ ପ୍ରେମର ଆଳାପେ
ମୁଁ ପ୍ରାୟ ଗଲିଣି ମରି। ଇଚ୍ଛା ହୁଏ ଏସବୁକୁ ଫିଙ୍ଗି ଦେଇ ସାରି
ମୁଁ ଯାଆନ୍ତି ଶୁଣିବାକୁ ଶବ୍ଦ ଏକ ପୃଥକ୍ ଭାଷାର
ତାହା ନୁହେଁ ଭାଷା ଏହି ପତ୍ରିକାର, କିମ୍ବା ସ୍କୁଲଯିବା
ଛୁଆଙ୍କର, କିମ୍ବା ଏକ ଚୁପ୍‌ଚାପ୍ ଆଳାପ ମୋ ଦାମ୍ପତ୍ୟ ପ୍ରେମର।

କ୍ରମଶଃ ଦୂରତ୍ୱ ବଢ଼େ ସମୟର ଅଭ୍ୟସ୍ତ ହାତର
ନିପୁଣ ଓ ରକ୍ତହୀନ ଖୁଣ୍ କଥା ମୁଁ ଭାବୁଛି ବ୍ୟାକୁଳ ହୃଦୟେ।
ଏତେବେଳେ ଉଡ଼ିଯାନ୍ତି ଆକାଶରେ ନାରଙ୍ଗ ଖରାରେ
ଦଳେ ପକ୍ଷୀ ଭୂତପରି ଅନ୍ୟ କେଉଁ ଦେଶର ସନ୍ଧ୍ୟାକୁ।
ଏହାହିଁ ସମୟ ଏକ ହାସ୍ୟାସ୍ପଦ ମୌନତାର, ଭାଷା
ମିଳେ ଯାହା ଚାଲି ଗଲା ଏବଂ ଯାହା ଗୌଣ ସେହି କଥା କହିବାକୁ।
ନାକ ଶୁଙ୍ଘେ ସେହି ବାସ୍ନା ଯାହା ଆଉ ନାହିଁ ଏବଂ ଆଖି
ସବୁବେଳେ ଲାଖି ରହେ ଅଦୃଶ୍ୟ ଓ ଅତୀତ ଚିତ୍ରରେ
ଯାହାର ଫେରିବା ଅଟେ ଅସମ୍ଭବ। ସବୁଭାଷା ତେଣୁ ତାହା ମିଛ,
ଯେହେତୁ ଅତୀତ କଥା କୁହାଯାଏ ବର୍ତ୍ତମାନକାଳ ମାଧ୍ୟମରେ,
ଏବଂ ଯାହା ବର୍ତ୍ତମାନ, କିମ୍ବା ଯାହା ସମ୍ଭାବ୍ୟ ତାହାର
ଛାଇ ମାଡ଼େ ନାହିଁ ଭାଷା, ମୋ ଯାତ୍ରାର ସମାପ୍ତି ଉତ୍ତାରେ
ମୁଁ ଘରକୁ ଲେଖିଥିବା ଚିଠି ହେବ ମିଛ, ଏବଂ ମୋର
ପତ୍ନୀ ଯେବେ କ୍ଳାନ୍ତ ହୋଇ ଫେରିଥିବେ ଦୋକାନ ଓ ଡାକ୍ତରଖାନାରୁ
ଘରସଫା ଲୁଗା ପିନ୍ଧି, ଖାଲି ପାଦେ, ଲୁଖୁରା ମୁଣ୍ଡରେ,
ସେ ମୋର ଚିଠିକୁ ଆହା ସତ ବୋଲ ଭାବିବେ, ସେଠାରୁ
ଚୁମା ମଧ୍ୟ ଦେବେ, ସତେ ଅବା ଚୁମାମାନେ ଏ ପକ୍ଷୀଙ୍କ ପରି
ଉଡ଼ି ଆସି ବସିଯିବେ ମୋ ଆଶ୍ଚର୍ଯ୍ୟ ଓଠଙ୍କ ଡାଳରେ।

ଏ ସବୁ ମିଛକୁ ଛାଡ଼ି ଯିବା କଥା। ହାୱା ପରି ଯିବ
ଠେଲି ଦେଇ ଯାହା କିଛି ବାନ୍ଧିବାକୁ ଚେଷ୍ଟାକରେ। ଛାଡ଼ିବା ଉଚିତ

ସୁସଜ୍ଜିତ ଏବଂ ଅଳ୍ପ ଆଲୋକିତ ଶୋଇବା କୋଠରୀ,
ମାର୍ବଲ୍ ଚଟାଣ ପରି ଚକ୍ ଚକ୍ ଅନାବୃତ ଦେହର ବିସ୍ତୃତି,
ଘରଙ୍କ ଭିତରେ ଏକ ମଳାସାପ ପରି ରାସ୍ତା, କଫିର ବାସ୍ନା ବି।
ପ୍ରଥମେ ପ୍ରଥମେ ତାହା କଷ୍ଟକର, ପ୍ରଥମରେ ଡେଇଁବା ଯେପରି
ନିଷିଦ୍ଧ ଇରୁଣ୍ଡି ବନ୍ଧ, କିନ୍ତୁ ଅଧାବାଟ ଗଲାପରେ
ମୃତ୍ୟୁକୁ ଦେଖିଲେ ଖାଲି ହସ ମାଡ଼େ, ମୃତ୍ୟୁ ଏକ ଚପଳ ବାଳକ
ବଙ୍କାଢଙ୍କା ଅକ୍ଷରରେ ବାଜେ କଥା ଲେଖୁଚି କାନ୍ଥରେ।
ବାର୍ଦ୍ଧକ୍ୟ ଟାପ୍‌ରା ଅବା ଦାସୀଙ୍କର। ଏ ପର୍ଯ୍ୟନ୍ତ ଅଦୃଶ୍ୟ ଆଲୋକ
ଦୂର ଓ ଶୀତଳ ଏକ ବନ୍ଦରରୁ ତମକୁ ଡାକିବ।
ପତ୍ରିକାକୁ ଫିଙ୍ଗି ଦେଇ ବହୁ ଧ୍ୱସ୍ତ ଗାଆଁଙ୍କ ଉପରେ
ଶିଶୁଙ୍କର ଅଳ୍ପ ଅଳ୍ପ ଶୁଭୁଥିବା କାନ୍ଦ ଅତିକ୍ରମ କରିଯିବ
ସେ ଜାଗାକୁ, ଯାହାର ବର୍ଣ୍ଣନା ପାଇଁ ମୁଁ ପାଉନି ଭାଷା, କେବଳ ଏତିକି
ଜାଣେ ବୁଲାବିକାଳିଙ୍କ ଗୋଳମାଳ ନ ଥିବ ସେଠାରେ।

ସ୍ମୃତିର ଓଜନେ ଲଇଁ ପଡ଼ିଥିବା ହୃଦୟ ମୋହର
ପଚାରିଲା ଭାବେ ଚାହେଁ ଏ ଖରାକୁ, ଏହି ପବନକୁ
ଯାହା ମୋର କାଖତଳେ ବାଟ ଖୋଜେ, ଆଉ କ'ଣ ବେଶୀ ଡେରି ଅଛି ?
ଡେରି ଅଛି କାହାପାଇଁ ? ମୁଁ ଜାଣିନି। ଜାଣିନି ତାହାକୁ
ଖୋଜିବି ଓ ଆବିଷ୍କାର କରି ବହୁ ଉପମା ତାହାର
ମୃଦୁଳ ଶୂନ୍ୟତା ସବୁ ଫିଙ୍ଗିଦେଇ ଖୋଜିବି ଅଥବା
ତାକୁ ବାଟ ଭାଙ୍ଗି ଯିବି, ସତେ କି ସେ ଆକ୍ରାନ୍ତ ସହର
ସଂକ୍ରାମକ ମଡ଼କରେ। ମୁଁ ନିଜକୁ ବହୁ ଚେଷ୍ଟା କରି
ବୁଝାଇ ପାରିନି ତାହା କ'ଣ, ଯେହେତୁ ମୁଁ ଭାଷା ପାଇ ନାହିଁ
ନିଜ ସାଙ୍ଗେ କଥାବାର୍ତ୍ତା ହେବାଲାଗି। ମୁଁ ଆଦୌ ଜାଣିନି ଅନ୍ଧାର
କି ଉଜ୍ଜ୍ୱଳ ଅଟେ ତାହା, ଉତ୍ତପ୍ତ କି ଶୀତଳ। ସ୍ୱପ୍ନର
ଜଳବାୟୁ ପରି ତା'ର ଜଳବାୟୁ, ଓ ଚରିତ୍ରମାନେ ଉଦାସୀନ
ନିଜ ଲୁଗାପଟା ପ୍ରତି। ମୁଁ କିପରି ତା' ସାଙ୍ଗେ କରିବି
ତୁଳନା ଯାହାକୁ ଛାଡ଼ି ଆସିଅଛି ? ମୋ ହୃଦୟପୂର୍ଣ୍ଣ କରୁଣାରେ
ମଉଳିବା ଖରା ପତି, ପ୍ରଥଭ୍ରଷ୍ଟ ପବନ ପ୍ରତି ବି।

ଖରା ଓ ପବନ ମୋର ଖୁବ୍ ପ୍ରିୟ। ମୁଣ୍ଡ ଦେଖ ମୋର
ମାଙ୍କଡ଼ର ଗୋଜିଆ ଓ ବୁଦ୍ଧିହୀନ ମୁଣ୍ଡ ପରି ଦିଶେ,
ହାତ ଗୋଡ଼ ଦିଶୁଛନ୍ତି ଭାଲୁ ଗୋଡ଼ ପରି। ମୁଁ ତଥାପି
ବେଳେ ବେଳେ ଇଚ୍ଛା କରେ ଲକ୍ଷ୍ୟହୀନ ହଠାତ୍ କ୍ରୋଧରେ,
ବେପରୱା ଗୋଇଠାରେ ସବୁ ଫିଙ୍ଗି ପଳାଇ ଯାଆନ୍ତି,
ମୁଣ୍ଡକଟା ଜନ୍ତୁ ପରି କପି କପ୍ ଗଡୁଥାନ୍ତେ, ଲୋଚାକୋଚା ବିଛଣାଚାଦର
ପଡ଼ିଥାନ୍ତା, ଜୋତାମାନେ ପଡ଼ିଥାନ୍ତେ ପରିତ୍ୟକ୍ତ ଇଟାଚୁଲୀ ପରି
ଆଜିଠୁଁ ଆରମ୍ଭ ଏବଂ କ୍ରମାଗତ ଅବାନ୍ତରତାରେ,
ଦାଣ୍ଡଘରେ ଝୁଲୁଥିବା ଫଟୋଗ୍ରାଫ୍ ପାଖେଇ ଯାଆନ୍ତା
ଦର୍ଜ୍ଜା ଖୋଲିଥିବା ଏକ ଅନୁଗତ ଭୃତ୍ୟପରି। ଧୀର,
ସତର୍କ ପାହୁଣ୍ଡ ମୋର ଗଡ଼ିଯାନ୍ତା ନିର୍ଜ୍ଜନ ରାସ୍ତାରେ,
ଶୁଖିଲା ନଈରେ ଏବଂ କାଁ ଭାଁ ବାଦାମୀ ଘାସର
ବୁଦାରେ ଚିତ୍ରିତ ଏକ ପଡ଼ିଆରେ, ଜଙ୍ଗଲର ଶୀତଳ ଛାଇରେ
ଛୁଟି ଆସି ଯାଇଥାନ୍ତା ମଧ୍ୟାହ୍ନ ପୂର୍ବରୁ, ନାଲି ନାଲି ଫୁଲ
ନାଚନ୍ତେ ଅକ୍ଳାନ୍ତ ଏକ ବେତାଳର ଅଦ୍ଭୁତ ଗୀତରେ।

ହୁଏତ ମୁଁ ପାରିବିନି କଥା କହି। ପ୍ରୟୋଜନ କ'ଣ ବା କଥାର?
ତୀକ୍ଷ୍ଣତମ କଷ୍ଟ ମରେ ମୌନ ଏକ ମୃତ୍ୟୁରେ, କେବଳ
ଦାନ୍ତ ଚିପି ହୋଇଯାଏ, ଓଠ ଥରେ। ଧର ଏକ ନୂଆ ଖେଳ ତାହା,
ଫୁଟ୍‌ବଲ୍ ଖେଳଠାରୁ ଅଲଗା ଓ ଅଲଗା ବି ଅନ୍ଧାର ଘରରେ
ଖିଲ୍ ଖିଲ୍ ହସଙ୍କର ଖେଳଠାରୁ। ହୁଏତ ଗହଳ
ଥିବ ଖାଲି ଖୁନ୍ଦାଖୁନ୍ଦି ଛବିଙ୍କର। ପ୍ରତି ଛବି କଥା କହିବାକୁ
ଆଗେଇ ଆସେ ଓ ପୁଣି ଫେରିଯାଏ, ମତେ ଛାଡ଼ି ବିବ୍ରତ ଭାବରେ
ଚିନ୍ତା କରିବାକୁ ତା'ର ଦୁଃଖକର ମୂକ ଅବସ୍ଥାକୁ
ମୁଁ ସହାନୁଭୂତି ଦେବି କିମ୍ବା ଦେବି ସମ୍ବର୍ଦ୍ଧନା ତା'ର
ସାବଲୀଳ ଅକ୍ତିଆର୍ ଦେଖି ଶବ୍ଦମାନଙ୍କ ଉପରେ।

ଶେଷ କେତେପଦ କଥା କହିରଖେଁ ଖରା ପୋଛି ହୋଇଯିବା ଆଗୁଁ,
ମୁଁ ପଳାଇ ଯାଉଥିବା ଅବସ୍ଥାର ଆକାଶ ପରି ଏ

ଆକାଶ ଅନ୍ଧାର ହେବା ଆଗୁଁ। ମୁଁ ଅଜ୍ଞାନ ଏବଂ ମୂଢ଼ମତି।
ଭାଷାର ଚାତୁର୍ଯ୍ୟ ମତେ ଜଣାନାହିଁ। ମୋ ସମୟ କ୍ଷଣିକ ସୁଖର
ସନ୍ଧାନରେ କଟିଅଛି। କିନ୍ତୁ ମୋର ଦୁଃଖ-ଅନ୍ୟମାନଙ୍କର ଯାହା
ବିଶ୍ୱାସଭାଜନ-ତାହା ଖାଲି ଅଛି ଠିକ୍ ଠିକ୍ ଶବ୍ଦମାନଙ୍କର
ବର୍ଣ୍ଣନାର ପରିପାଟୀଦ୍ୱାରା। ପିମ୍ପୁଡ଼ିଟେ ମରିଯାଏ ଯଦି
ଚକ୍‌ଟି ହୋଇ ପାଦତଳେ କେତେଜଣ ସହି ପାରନ୍ତିନି।
ମୁଁ ମୋ ବିହ୍ୱଳତା ସଞ୍ଚି ରଖିଅଛି ଏହାଠାରୁ ବଡ଼କଥା ପାଇଁ।
ସୁତରାଂ ବେଳେ ବେଳେ ମତେ ଲୋକେ ପ୍ରଶଂସା କରନ୍ତି
ମୋ ପୁରୁଷୋଚିତ ଧୈର୍ଯ୍ୟ, ଏବଂ ଭାବପ୍ରବଣ ନ ହୋଇ
କର୍ତ୍ତବ୍ୟରେ ନିଷ୍ଠା ଲାଗି। ଆଜି କିନ୍ତୁ ଏତେ ଦିନ ପରେ
ମୁଁ ଛୁଟି ପାଇଛି, ଏବଂ କି ଆଶ୍ଚର୍ଯ୍ୟ ଇଚ୍ଛା ଓ ମୋ ମନରେ !

ଉତ୍ତପ୍ତ ବାଲିରେ ରଖି ଏକ ଗୋଡ଼, ଏବଂ ଅନ୍ୟ ଗୋଡ଼
କୁଳୁକୁଳୁ ଓ କାକର ନଦୀ ମଧ୍ୟେ ମୁଁ ମୀନାର୍ ପର ଠିଆ ହେବି,
କୁଞ୍ଚକୁଞ୍ଚ ଓ ଗହବା ମୁଣ୍ଡବାଳ ଜଙ୍ଗଲରେ ଉଇଁ ଆସୁଥିବା
ଚନ୍ଦ୍ର ହଜିଯିବ ଏବଂ ଗୋଟି ଗୋଟି ଲିଭିଯିବେ ସବୁ
ଆଲୋକ ଏ ସହରର। ଅସଫଳ ସ୍ୱାମୀ ଏବଂ ଦୋଷୀ ପିତା ଯିବି
ମଚ୍‌ମଚ୍ ଅନ୍ଧାରରେ ସମୁଦ୍ରକୁ, ଅଣ୍ଡାଳି ମୋ ବାଟ, ଶିଖିବାକୁ
ନୂଆ ନୂଆ ଶବ୍ଦ, ଯାହା ଏ ପର୍ଯ୍ୟନ୍ତ ଶିଖି ଆସିଥିବା
ସବୁ ଶବ୍ଦଙ୍କଠୁଁ ବେଶୀ ସତ୍ୟ ବେଶୀ ପୂର୍ଣ୍ଣ ବେଶୀ ଦୁଃଖଦାୟକ ବି !

ବସନ୍ତ ଋତୁ

ବସନ୍ତ ଆସିଛି ଆଜି ଡାଳେ ଡାଳେ ପତ୍ରରେ ପତ୍ରରେ
ଇନ୍ଦ୍ରଧନୁ ଖେଳୁଅଛି, ଖେଳୁଛନ୍ତି ଅସଂଖ୍ୟ ଚଢ଼େଇ,
ଶ୍ୱେତ ହ୍ରଦ ଝଲମଲ୍ କରୁଅଛି ଉଜ୍ଜ୍ୱଳ ମଧ୍ୟାହ୍ନେ,
ବସନ୍ତ ଆସିଛି ଆଜି ବାରହାତ ଖଣ୍ଡା ଧରିକରି
ମହୁମାଛି ମାନଙ୍କର ଗୁଣୁଗୁଣୁ ଗୀତ ଗାଇ ଗାଇ।

ଶୀତର ଯନ୍ତ୍ରଣା ପରେ ଦେହ ଧୋଇ ଉଷୁମ ପାଣିରେ,
ଶେଯରେ ପକାଇ ସଫା ଚାଦର ଓ ଧଳା ନର୍ସ ପରି
ବସନ୍ତ ଆସିଛି ଏବଂ ତା' ବଳିଲା ବଳିଲା ହାତରେ
ଘଣ୍ଟା ଚକ୍‌ଚକ୍ କରେ। କି ସଦୟ ବ୍ୟବହାର ତା'ର!
ମୁଁ ପ୍ରାୟ ଯାଇଛି ଭୁଲି ଗୁରୁ ଅଛି ଚନ୍ଦ୍ରର ଆଠରେ,
କେବଳ ସେତିକି ନୁହେଁ, ଚନ୍ଦ୍ର ସାଙ୍ଗେ ଶନି ରହିଅଛି,
ସୁତରାଂ ଏ ବସନ୍ତ ସତ୍ତ୍ୱେ ମୁହିଁ ସଢ଼ିବି ରୋଗରେ,
ସୁତରାଂ ପୁନର୍ବାର ଅର୍ଥନାଶ, ବନ୍ଧୁନାଶ ତଥା
ପୁତ୍ରଙ୍କ ନିମିତ୍ତ ଦୁଃଖ, ପ୍ରାଣହାନି, ଅଯଥା ଶତ୍ରୁତା,
ସବୁ ଅଛି ମୋ ଭାଗ୍ୟରେ, ହୁଏତ ଏ ବସନ୍ତ ଉତ୍ତାରେ।

ଏ ପ୍ରବେଶ ଏ ପ୍ରସ୍ଥାନ ଏ ହଜିଲା ନାଡ଼ୀକୁ ଖୋଜିବା
ଏ ଅଯୋଗ୍ୟ ଯକୃତ୍ ଓ ଏ ଅବାଧ ରକ୍ତଚାପ ଏହି
ଅଣ୍ଡାର ଦରଜ ଏବଂ ଝାଇଁ ଝାଇଁ ମୁଣ୍ଡ ବୁଲାଇବା

ଏ ସବୁ ଆପଣା ଛାଏଁ ଆସିଛନ୍ତି ! ମୁଁ କେବଳ ଚାହେଁ
ତମକୁ ଏଠାରେ, ଏହି ବସନ୍ତରେ, ବେଣୀ ବାନ୍ଧୁଥିବା
ଅବସ୍ଥାରେ । ନଚେତ୍ ଏ ପତ୍ରଝଡ଼ା, ଗୋଡ଼ିବାଣ, ଏହି
ତରାଟ, ମନ୍ଦାର, ହରଗଉରା ଓ ଆମ୍ବ ବଉଳଙ୍କ
ବାସ୍ନା ଏକ ମଡ଼ା, ମୋର ପରିତ୍ୟକ୍ତ ଅସ୍ଥିର ଯାହାକୁ
ଅକସ୍ମାତ୍ ଛାଡ଼ିଗଲା, ବର୍ଷେ ପରେ ପୁନଶ୍ଚ ଫେରିବ
ମୁଁ ଥାଏଁ କି ନ ଥାଏଁ ଏ ଘରୁ ତାକୁ ଗୋଟାଇ ନେବାକୁ ।

ତା' ହେଲେ ବସନ୍ତ ଆଜି ଆସିଅଛି, ଭୁଲି ହୋଇଥିବା
ଜ୍ଞାତି ପରି । କେତେ ଇଚ୍ଛା ହୁଏ ଦୋଷୀ ଦୋ ଦୋ ଚିହ୍ନା ଛାଡ଼ି
ଅନୁତପ୍ତ ଆଲିଙ୍ଗନେ ସଙ୍ଖୋଳନ୍ତି ଦକ୍ଷିଣା ପବନ !
କିନ୍ତୁ ଅଣ୍ଟା ତଳକୁ ମୁଁ ଏକ ମଲା ଗଛ ଏବଂ ମୋର
ଶୁଖିଲା ହାତଙ୍କ ଡାଳ ନୀଳ ଏବଂ ଖରାରେ ଉଷୁମ
ଆକାଶରୁ ଖସି ବସେ ଇତସ୍ତତଃ ମୁଣ୍ଡରେ ତମର,
ତା' ପରେ ସେ ମିଶିଯାଏ ଆସ୍ତେ ଆମ ବିଗତ ସ୍ୱପ୍ନଙ୍କ
ଅନ୍ଧାରରେ । ମୋର ସବୁ ଅଭିଳାଷ ଓହ୍ଲାଇ ଆସନ୍ତି
ଏ ଖଟକୁ ସେହିପରି, ଏବଂ ଏକ ସମୟୋପଯୋଗୀ
ପ୍ରଜ୍ଞା ଦ୍ୱାରା ମୁଁ ଦେଖୁଛି ଏ ବସନ୍ତ ଅନେକ ସ୍ୱପ୍ନର
ଅନ୍ଧାରରେ ମିଶେ ଏବଂ ଝଡ଼ି ଯାଇଥିବା ଗୋଡ଼ିବାଣ
ତରାଟ ମନ୍ଦାର ହରଗଉରା ଓ ଆମ୍ବ ବଉଳଙ୍କ
ବଗିଚାରେ ଆମେ ଦୁହେଁ ଖେଳୁଥିଲୁଁ । କେ ବୋଇଲା ଚନ୍ଦ୍ରମା ଦର୍ପଣ
ପ୍ରାୟେ ମୁଖ ଦିଶେ ଗଜମନ୍ଥିଥିବା ପଦ୍ମବନ ପ୍ରାୟେ,
ତା'ପରେ କହିଲେ ତମେ ଆରେ ସଖି ବିଚିତ୍ର ନାଗର
ସ୍ନେହ ସାଗରରେ ମଜ୍ଜିଗଲି ଏବେ ପ୍ରାଣ ଚାଲିଯାଏ ।

ବସନ୍ତ ତା'ହେଲେ ଆସେ, ଚାଲିଯାଏ, ପୁନର୍ବାର ଫେରେ ।
ଏ ଅଶେଷ ବସନ୍ତରେ ମୁଁ କାହିଁକି ତଥାପି ବ୍ୟାକୁଳ ?
ହୁଏତ କୋଇଲି କିଛିକ୍ଷଣ ଲାଗି ଦମ୍ ନେବ, ପୁଣି

ଅବଶ୍ୟ ଗାଇବ ଏବଂ ପୁନର୍ବାର ଏ ସଫେଦ୍ ଘରେ
ଫୁଲ ତୋଡ଼ା ଜମାହେବ। ଭବିଷ୍ୟତ ସାଙ୍ଗେ ମିଶିଯିବ
ଦେଖା ସରିଥିବା ସ୍ୱପ୍ନ ସତେ ଅବା ଦୁହିଁଙ୍କ ଭିତରେ
ମୋ ମୁଣ୍ଡ ଉପରେ ଆମ୍ରପତ୍ର ବନ୍ଧା ଡୋର ଝୁଲୁଥିବ।

ମୋହର ଅସ୍ୱସ୍ତି ତେବେ କାହିଁକି ? ମୁଁ ବହୁତ କୃତଜ୍ଞ
ତମଠାରେ, ତମ ବିନା ସାହାଯ୍ୟରେ ମୁଁ ବୁଝି ନ ଥାନ୍ତି।
ତମେ ମୋ ବାଳକୁ ଦେଲ ପାନିଆରେ କୁଣ୍ଡେଇ, କହିଲ,
ତମର ହାତରେ ଆଉ ଜୋର୍ ନାହିଁ ମୁଣ୍ଡ କୁଣ୍ଡେଇବା
ଲାଗି ମଧ୍ୟ। କେତେଟା ଦିନରେ ତମେ କ'ଣ ହୋଇଗଲ !

ତମେ ଓ ମୁଁ ଏକ ଆତ୍ମା। ତମେ ବୋଧେ ମନେ ରଖିଥିବ
ହାତ ଧରାଧରି ହୋଇ ଆମେ ଦୁହେଁ ବହୁତ ବୁଲିଛୁଁ,
ବହୁତ ସିନେମା ମଧ୍ୟ ଦେଖିଅଛୁଁ। ଯଦି ଭାଗ୍ୟକ୍ରମେ
ମୁଁ ଏଠାରେ ରହିଯାଏଁ ତେବେ ତମେ ବୈଧବ୍ୟ ଲୁହରେ
ଅନ୍ଧ ହେବ ନାହିଁ, ଏବଂ ଯଦି ଅଳ୍ପ ଚେଷ୍ଟା କର ତମେ
ବୈଶାଖ ଝାଞ୍ଜିରେ କିମ୍ବା ଶୀତଦିନେ କୁହୁଡ଼ି ଭିତରେ
ଦେଖିବ ଫୁଟନ୍ତି ପୁଣି ଗୋଡ଼ିବାଣ, ତରାଟ, ମନ୍ଦାର,
ଦକ୍ଷିଣା ପବନ ପୁଣି ବୋହୁଅଛି। କିମ୍ବା ଏବେ ଦେଖ
ଫୁଲ ନାହିଁ ହାଓ୍ୱା ନାହିଁ କିମ୍ବା ନାହିଁ ମହୁମାଛିଙ୍କର
ଗୁଣୁଗୁଣୁ ଗୀତ, ତେଣୁ ଏ ବସନ୍ତ ଅଛି ଏବଂ ନାହିଁ,
ଅଛି ଖାଲି ଚନ୍ଦ୍ର ଦୋଷେ ଆକ୍ରାନ୍ତ ମୋ ଜାତକ ଓ ଅଛି
ଅମାପ ବସନ୍ତ ଆମ୍ର ବଉଳ ଓ ଫୁଲ ମଣ୍ଡି ହୋଇ।

ତମ ଇନ୍ଦ୍ରଧନୁ ଦେହେ ମୁଁ ଗୋଟିଏ ରଙ୍ଗ ହୋଇପାରେ,
କିନ୍ତୁ ତମେ ଯେତେବେଳେ ସେ ରଙ୍ଗର ଶାଢ଼ୀରେ ବାହାର
ସେ ଋତୁ ବସନ୍ତ ଋତୁ, ଏବଂ ଆମେ ଦୁହେଁ ଯେତେବେଳେ
ସେ ରଙ୍ଗର ମଶାଣିରେ ଠିଆ ହେଉଁ, ସେତେବେଳେ କ'ଣ
ଜଣାଯାଏ ନାହିଁ ଆମେ ସାଥୀ ବୋଲି ବହୁତ ଜନ୍ମର ?

ରଜାଙ୍କ ରୋମାନ୍‌ସ

ମୁଁ ତା'ପରେ କହିଲି ଯେ ହାୟ ହାୟ
କାଲି ରାତି ଶେଷରାତି ଥିଲା ।
ମୋ ପିଠି ଉପରେ ତମେ ଆଙ୍ଗୁଠିଙ୍କୁ
ବୁଲାଇଲ, ମତେ କୁତୁକୁତୁ
ଲାଗିଲା, ସତେକି ଏକ ଅକସ୍ମାତ୍
ପବନରେ ଅସଂଖ୍ୟ ଶୁଖିଲା
ପତ୍ର ହେଲେ ଖଡ଼ ଖଡ଼ ନିଶ୍ଚଳ ଓ
ଡେଙ୍ଗା ଏକ ଗଛରେ । କୌଣସି
ଖସିଲା ତାରାର ଗତିପଥ ପରି
ତମ ଦେହ ଉଜ୍ଜ୍ୱଳ ଦିଶିଲା
ଅପରାହ୍‌ଣ ଆଲୋକରେ, ବହୁବର୍ଣ୍ଣେ;
ଏବଂ ନିଃସହାୟ ହୋଇ ଭାସି
ଗଲି ମୁଁ ପ୍ରଖର ସ୍ରୋତେ, ନଦୀ ମଧ୍ୟେ,
ଡାକି ଡାକି ମତେ ରକ୍ଷାକର ।
ତମେ ମୋ ପଛରେ ହୁଲି ଡଙ୍ଗା ଚଢ଼ି
ଆସୁଥିଲ ଖିଲ୍ ଖିଲ୍ ହସି
ଫର୍ଦ୍ଦି ଶାଢ଼ି ପିନ୍ଧି, ହାୟ ହାୟ କାଲି
ରାତି ଥିଲା ଶେଷରାତି । ତମ
ମୁହଁରେ ପ୍ରଶସ୍ତ ହେଲା ହସ ଯେବେ
ତମେ ଏକ ତୀବ୍ର ଯନ୍ତ୍ରଣାରେ

ବିଦୀର୍ଣ୍ଣ ହେଲ ଓ କେଉଁ ବେହେରାର
ଛଦ୍ମ ବେଶେ କୌଣସି କଙ୍କାଳ
ସତେକି ବିଛାଇ ଦେଲା ଧଳା କନା
ଖାଇବାର ଟେବୁଲ୍ ଉପରେ ।
ମୁଁ ତାପରେ କହିଲି ଯେ କାଲି ରାତି ଶେଷ ରାତି ଥିଲା
ଅନେକ ଜିନିଷଙ୍କର, ପଲଙ୍କରୁ ସପ୍ତର୍ଷିଙ୍କ ଯାଏଁ
ଲମ୍ବିଥିବା ଅରଣ୍ୟର, କ୍ଳାନ୍ତ ପୌରୁଷର, ଥୁରୁଥୁରୁ
ଆଣ୍ଠୁଙ୍କର, ଭୋଜନ ଆଦ୍ୟରେ ଗୋଲ ମରିଚକୁ ଭାଜି
ଘିଅରେ, ବା ଦୁଧ ଏବଂ ମିଶ୍ରି ସାଙ୍ଗେ କଇଁଥ ମଞ୍ଜିର
ଚୂର୍ଣ୍ଣ ଖାଇବାର, ଗରମ ଦୁଧକୁ ବାଦାମ ଓ ପେସ୍ତା
ସାଙ୍ଗେ ପିଇବାର, ସିନ୍ଦୂରର ଦାଗ ତମର ମୁଣ୍ଡରୁ
ଢଣଢଣ ଲୋଚାକୋଚା ପଞ୍ଜାବିରେ ମୋର ଲାଗିବାର ।

ମୁଁ ତମକୁ ହତ୍ୟାକରି ନାହିଁ, ତାହା କ'ଣ ଯଥେଷ୍ଟ ସାନ୍ତ୍ୱନା ?
ଯଦି ହତ୍ୟା କରିଥାନ୍ତି କାଲି ରାତି ଶେଷ ରାତି ଥିଲା
ହତ୍ୟା କରିବାର ମଧ୍ୟ । ପବନରେ କାଲି ଉଡ଼ିଗଲା
ଶସ୍ତ୍ରରେ ଅଚ୍ଛେଦ୍ୟ ଏବଂ ଅଗ୍ନି ଦ୍ୱାରା ଅଦାହ୍ୟ ଆତ୍ମାର
ପକ୍ଷୀ, ଓ ଲୁହରେ ମୋର ଜାଲୁଜାଲୁ ଆଖିକୁ ଦିଶିଲା
ଅସଂଖ୍ୟ ରକ୍ତାକ୍ତ କ୍ଷତ, କଟା ଏବଂ ଧୁଆ ମୁର୍ଗୀ ପରି
ତମର ବିବସ୍ତ୍ର ଗୋଡ଼ । ଶୁଭିଲା ବି ତମର ମୁର୍ଚ୍ଛାର
ହଠାତ୍ କହୁଚି ଆଗେ ସଖିଗଣ ଶ୍ୟାମ ପଦଧୂଳି
ବୋଳ ମୋର ଶିର; ଶ୍ୟାମ ଚିତ୍ରମୂର୍ତ୍ତି ଦେଖାଅ ଓ ମୋର
ଜୀବନ ବାହାରି ଗଲେ ଶ୍ୟାମ ନାମ ହୃଦରେ ଲିହିବ;
ଶ୍ୟାମରୂପ ମୃତ୍ତିକାରେ ଲଦାଇ ଓ ଶ୍ୟାମ ବସନରେ
ମୋ ଅଙ୍ଗ ଘୋଡ଼ାଇ ଶ୍ୟାମ ଯିବା ପଥେ ଶବ ପୋତି ଦେବ ।
ତାହା କ'ଣ ଶେଷକଥା ? ଆତ୍ମା ଅଟେ ଅଚ୍ଛେଦ୍ୟ, ଅଦାହ୍ୟ,
ଓ ଚମକି ଚାହେଁ ମୁହିଁ ରକ୍ତଛିଟା ଲାଗିଛି ଲୁଗାରେ ।
ଲୁଗା ଧୋଇବାର ମଧ୍ୟ କାଲି ରାତି ଶେଷରାତି ଥିଲା ।

ଆଜି ନାହିଁ ଲୁଗାଧୁଆ ସାବୁନ୍ ଓ ଅଛି ଖାଲି ମୋର
ଗତିପଥେ ତମ ଶବ, ଡାକ୍ତରଙ୍କ ଦାର୍ଶନିକତା ଓ
ଜାଲୁ ଜାଲୁ ଆଖି ଆଗେ ଅନ୍ଧାର ଓ ଶ୍ୟାମଳ ମୁର୍ଦ୍ଦାର।

ତରଳି ଯାଆନ୍ତି କାନ୍ଥ ଓ ଚଟାଣ
ମୋର ଖଟ, ଆଲଣା, ଜୋତାଙ୍କୁ
ଶୂନ୍ୟରେ ଝୁଲାଇ ଦଲେ ପ୍ରେତ ପରି,
ଯେଉଁମାନେ ଓହ୍ଲାଇବା ବେଳେ
କାହାର ଅଦୃଶ୍ୟ ହାତ ଉପରକୁ
ଟାଣୁ ଅଛି। ଆଉ ନାହିଁ ଆଜି,
ଗତକାଲି, ବା ଆସନ୍ତାକାଲି, ଅଛି
କେବଳ ଏ ପର୍ଦ୍ଦା ଅନ୍ତରାଳେ
ଖସ୍ ଖସ୍ ହେଉଥିବା ପବନ, ଓ
ସତେ ଅବା ପବନ କହୁଛି,
ମୁଁ ଦେଖି ପାରୁଛି ସବୁ; ଏପରିକି
ଏ ପର୍ଯ୍ୟନ୍ତ ଯାହା ଘଟି ନାହିଁ;
ଏବଂ ଶଙ୍ଖ ମଲ୍ ମଲ୍ ପାହାଚଙ୍କ
ହସକୁଳା ଦାନ୍ତ ଦିଶୁ ଅଛି।
ପବନ ପୁନଶ୍ଚ ହୁଏ ଶୀର୍ ଶୀର୍
ପର୍ଦ୍ଦା ତଳେ, ପବନ କହୁଛି
ଦେଖ, ଓ ମୋ ପାଣିଚିଆ ଆଖି ଦେଖେ
କେଉଁ ଦୂର ଗାଆଁ ଦେଉଳର
କାନ୍ଥରେ ତମର ମୂର୍ତ୍ତି। ତମ ସ୍ୱର
ପବନରେ ମିଶି ଯାଇଅଛି।
ତମ ମୁହେଁ ପିଟି ହୁଏ ବାରମ୍ବାର
ବର୍ଷାପାଣି, ପିଟି ହେବା ପରେ
ବର୍ଷା ପାଣି ଝରିପଡ଼େ ଥପ୍ ଥପ୍,
ଥପଥପ୍, ଅଣ୍ଟାକୁ ତମର।

ପବନ ନୀରବ ହେଲା, ସ୍ତବ୍ଧ ମୋର ଶୋଇବା ଘରରେ
ତମେ କାନ୍ଦିଲ ଓ ଲୁହ ବୋହିଗଲା ଗାଲରେ ତମର
ପଥର ଉପରେ ବର୍ଷା ପାଣି ପରି ଥପ୍ ଥପ୍ ହୋଇ।
ତା'ପରେ କହିଲ ଶ୍ୟାମ ପଦଧୂଳି ବୋଳ ମୋର ଶିର,
ହେ ସମ୍ରାଟ ମୁଁ ତମର ଉପଯୁକ୍ତ ନୁହେଁ ଦେଖ ମୋର
ଦେହରେ ଲାଗିଛି ଧାନ ପାଛୁଡ଼ିବା ସମୟର ଧୂଳି
ମୁଁ ଏକ ନଗଣ୍ୟ ମଫସଲି ଝିଅ ମୋ ହାତ ଧରିବ
କେଉଁ ମଫସଲି ଟୋକା ହେ ସମ୍ରାଟ କାନିଛାଡ଼ି ମୋର
ବାରବର୍ଷ ଯାଏଁ ମୋର ବ୍ରତ ଅଛି ବାରବର୍ଷ ପରେ
ମୁଁ ତମର ହେବି ସବୁଦିନ ଲାଗି କେବଳ ତମର।

ପବନ ଶୁଣିଲା ସବୁ ଚୁପ୍‌ଚାପ୍, ତା'ପରେ ହସିଲା
ଓ କହିଲା, କି ଆଶ୍ଚର୍ଯ୍ୟ, ବାରବର୍ଷ ଘରକଲା ପରେ
ତଥାପି କରୁଛ ଆଶା! ଉଠି ପଡ଼, ଫିଙ୍ଗ ପାନଶିଠା।
ସେ ଖୁବ୍ ସୁନ୍ଦର, ତେଣୁ ପ୍ରତିମୂର୍ତ୍ତି ତା'ର କେଉଁଠାରେ
ଅବଶ୍ୟ ଥିବ ବା ଥିବ ଚିତ୍ରପଟ ଅନ୍ତତଃ ପକ୍ଷରେ।
ସେଥିରେ ତଫାତ୍ କ'ଣ? ଉଠିପଡ଼, ଉଠିପଡ଼, ଦେଖ
ସେ ମରି ଗଲାଣି, ଏବଂ କ'ଣ ଅବା ତଫାତ୍ ସେଥିରେ?

ମୁଁ ତା'ପରେ କହିଲି ଯେ କାଲି ରାତି ଶେଷ ରାତି ଥିଲା
ନଖ କ୍ଷତେ ଅର୍ଦ୍ଧଚନ୍ଦ୍ର ଆଙ୍କିବାର; ସ୍ମୃତିର ରସନା
ଚାଲିବାର; ବିମ୍ବଓଷ୍ଠେ ଚୁମ୍ବନ ଦେବାର; କାଖତଳ
ଓ ଅଣ୍ଟାକୁ ଆପୁଡ଼ାଇବାର; ଭ୍ରୂଲତାର ସଙ୍କୋଚନେ
ଇଙ୍ଗିତ ଦେବାର; ତମଠାରୁ ଇଷି ଇଷି ଶବ୍ଦ ଶୁଣିବାର।
ତାପରେ ମୁଁ ଚାଲିଗଲି, କାଳେ ତମେ ଉହଳ ବିକଳ
ହୋଇ ମତେ କହିଥାନ୍ତ ମୁଁ ମଲିଣି ଗାଇ ବାରମ୍ବାର
ସଖିଗଣ ବୋଳ ଶ୍ୟାମ ପଦଧୂଳି ମୋ ଶିର ଓ ଶ୍ୟାମ
ଚିତ୍ରମୂର୍ତ୍ତି ନେତ୍ର ଦେଖୁ କେଁ କଟର ହାର୍ମୋନିୟମରେ।

ମୁଁ ତାପରେ ଚାଲିଗଲି, କାଲି ରାତି ଶେଷରାତି ଥିଲା
ନ ଯାଇ ରହିବା ଲାଗି ତମ ଢିଲା ବାହୁ ବନ୍ଧନରେ।

ମୋର ପାରିଷଦବର୍ଗ ଓ ଅମାତ୍ୟ
ବର୍ଗ ଧନ୍ୟଧନ୍ୟ କଲେ ଦେଖି ମୋର କୁଣ୍ଢେଇ ଖେଳରେ
ଅସୀମ ଆଗ୍ରହ ସନ୍ଧିବିଗ୍ରହ ଓ ରାଜ୍ୟ ଚିନ୍ତା ସତ୍ତ୍ୱେ।
କୁଣ୍ଢେଇଙ୍କୁ ଟାଣୁଅଛି ଡୋର କାହା ଅଦୃଶ୍ୟ ହାତରେ।
କୁଣ୍ଢେଇ ନାଚନ୍ତି, ରଜା କୁଣ୍ଢେଇକୁ ଡାକୁ ଅଛି ରାଣୀ
କୁଣ୍ଢେଇ ଯେ ଫେରି ଆସ ପ୍ରାଣପ୍ରିୟ ଲୋଡ଼ାନାହିଁ ମୋର
ରାଜ୍ୟ ଓ ସମ୍ପଦ ତମେ ଯାଅ ନାହିଁ ଯୁଦ୍ଧକୁ ମୋ ବାହୁ
ବନ୍ଧନକୁ ଫେରିଆସ ମୁଁ ତମର କେବଳ ତମର।
ମୁଁ ଫେରି ଦେଖିଲି ଝୁଲେ କଟା ଏବଂ ଧୁଆ ମୁର୍ଗୀ ପରି
ତମର ବିବସ୍ତ୍ର ଗୋଡ଼, ଏବଂ ମୋର ଶୂନ୍ୟ ଅନ୍ତଃପୁର।

ମୁଁ ତାପରେ କହିଲି ଯେ ହାୟ ହାୟ
 କାଲି ରାତି ଶେଷ ରାତି ଥିଲା
ମୁଁ ଯଦି ତମକୁ ହତ୍ୟା କରିଥାନ୍ତି
 ତାହାହେଲେ ହତ୍ୟା କରିବାର।
ତଥାପି ଆଜି ମୋ ମଧୁଶଯ୍ୟା ରାତି
 ଏବଂ ମତେ ହସ ମାଡ଼େ ଶୁଣି
ଯେ ଧୂଳିରେ ଦିନେହେଲେ ମିଶିଯିବ
 ଧୂଳିର ଏ ମର କଳେବର।
ଅବଶ୍ୟ ଧୂସର ହୁଏ ଛାୟାପଥ
 ତମ ଜଘଂ, ସ୍ତନ ଓ ହାତଙ୍କ
ପାଉଁଶରେ ଏବଂ ବର୍ଷା ମାଡ଼ି ଆସେ,
 ଘଡ଼ଘଡ଼ି ଝଡ଼ ଓ ଅନ୍ଧାର
ମାଡ଼ି ଆସେ ଓ ତମର ଆତ୍ମ ରହୁ
 ଶାନ୍ତିରେ ଓ ବିଶ୍ୱନିୟନ୍ତାଙ୍କ

ପାଦପଦ୍ମେ ରହୁ ଏବଂ ଉଡ଼ିଆସେ
ପବନରେ ଅସଂଖ୍ୟ ସଂଖ୍ୟାରେ
କାଗଜ କୌଣସି ଦୂର ଗାଆଁ ଆଡୁ,
ହେ ଈଶ୍ୱର ଆର୍ଶୀବାଦ କର,
କିନ୍ତୁ ସତେ-ପବନ କହିଲା ପରି-
କ'ଣ ଅବା ତଫାତ୍ ସେଥିରେ ?

ସ୍ୱର୍ଗାରୋହଣ

ସେ କିଏ, ଯାହାର ପାଦଶବ୍ଦ ଶୁଭେ ଥପ୍‌ଥପ୍ ବର୍ଷା ଶବ୍ଦ ପରି
କଦଳୀ ପତ୍ରରେ ? ଯାହାର ନିଃଶ୍ୱାସ ବୋହେ ପିଞ୍ଜରାଙ୍କ ଜାଲିବାଟେ
ଭୀଷଣ ପବନ ପରି ? ବଜ୍ର ପରି ଫାଟିପଡ଼େ ଯାହାର ହସ ? ଆଃ,
ମନ୍ଥରା ଶୋକର ଘୋଡ଼ାଖୁରା ବାଜି ଡାଳିମ୍ବର ସାବ୍‌ଜା କଷି ଫାଟେ ।

ଏ ଦିନ ଆସିବ ବୋଲି ଜଣାଥିଲା, ଲେଖାଥିଲା ଦୃକ୍‌ସିଦ୍ଧ ପାଞ୍ଜିରେ ।
ଜେଜେବାପା କହିଥିଲେ ଏହାକଥା, ମୁଁ ବି କାଲି ସ୍ୱପ୍ନ ଦେଖିଥିଲି
ଯେ ଏପରି ଦିନ ଶୀଘ୍ର ଆସିଯିବ ପରିତ୍ୟକ୍ତ ରାସ୍ତାରେ ପକାଇ
ଲମ୍ବା ଲମ୍ବା ପାହୁଲ ଓ ପର୍ବତଙ୍କ ଚୂର୍ଣ୍ଣ ଏବଂ ଗୋଟିଏ ଶିଶିରେ
ସାତ ସମୁଦ୍ର ଓ ସୂର୍ଯ୍ୟ ଚନ୍ଦ୍ର, ତାରାଙ୍କର ଡବାଏ ଚନ୍ଦନ ରଖି
ତା' ମୁଣି ଭିତରେ । ଏ ଦିନ ଆସିବ ବୋଲି କହିଥିଲେ ମରିବା ଉତ୍ତାରେ
ମୋର ପତ୍ନୀ, କହିଥିଲେ ପରାକ୍ରମୀ ଲୋକେ ମଧ୍ୟ ଲୁଚିଯିବେ, ଯଦି
ଛୁଆମାନେ ବଞ୍ଚିଥାନ୍ତି ମୁଁ ଯେପରି ଆକ୍ଷି ରଖେ ତାହାଙ୍କ ଉପରେ ।

ସେ ଦିନ ଆସିଛି ଆଜି ଫସଲର ଭସ୍ମ ବୋଲି ପ୍ରଶସ୍ତ କପାଳେ ।
ବଳଦଙ୍କ ବାଷ୍ପାକୁଳ ରଡ଼ି ଏବଂ ପେଚାଙ୍କର ତୀକ୍ଷ୍ଣ କୁହାଟର
ବିଗୁଲ୍‌ର ସ୍ୱାଗତରେ, ମାଇଲ୍ ମାଇଲ୍ ବ୍ୟାପ୍ତ ଶାଗୁଣାଙ୍କ ଡେଣା
ଚନ୍ଦ୍ରାତପ ତଳେ ଆଜି ଓହ୍ଲାଇଛି ସେଦିନ, ତା ପାଦକୁ ପଖାଳେ
ସହସ୍ର ବାମନଙ୍କର ନାକରୁ ବୋହିବା ରକ୍ତ (ଯେଉଁମାନେ କଳା

ଓ ତେଲିଆ ଗେଣ୍ଡାପରି ଦେଖାଯାନ୍ତି) କିନ୍ତୁ ଅନ୍ଧାରରେ ବର୍ଷାକାଳେ
ହତଭାଗ୍ୟ ନପୁଂସକ, ତମେ କଆଁ ପିନ୍ଧୁଥିଲ ବିବସ୍ତ୍ର ହେବାର
ଛଦ୍ମବେଶ ମୋ ଆତ୍ମାର ପ୍ରସନ୍ନ ଓ ଚକ୍‌ଚକ୍ ଦ୍ୱିପ୍ରହର ବେଳେ ?

ସିଂହଛାଲ ପିନ୍ଧା ଗଧ, ବିଳମ୍ବରେ ଆସିଲ ଓ ଯଦି ଭାବିଥାଅ
ଅତର୍କିତ କୁହୁକୁହୁ ଶବ୍ଦ ଏବଂ ଆମ୍ବଡାଳ ଝଙ୍କାଇବାଦ୍ୱାରା
ମତେ ଚମକାଇ ଦେବ ବସନ୍ତ ଋତୁରେ ତେବେ ଖୁବ୍ ଡେରି କଲ ।
ମୋ ପାଇଁ ରହିଛି ଖାଲି ଏକ ଋତୁ, ମୃତ ଠେକୁଆଙ୍କ ରକ୍ତମୟ
ଋତୁ, ଯାହା ତମ ଆଗୁଁ ଥିଲା ଏବଂ ତମେ ଯିବା ପରେ ବି ରହିବ ।
ପୋଡ଼ାକାଠ ଧୂପଗନ୍ଧେ ପୂର୍ଣ୍ଣ କରି ଆକାଶ ଓ ଅସଂଖ୍ୟ ପ୍ରତ୍ୟହ,
ଯାହାର ଉଲ୍ଲେଖ ନାହିଁ ପାଞ୍ଜିରେ ଓ ଯାହା କେଉଁ ସଶ୍ରଦ୍ଧ ପ୍ରେତର
ଭବିଷ୍ୟତ୍‌ବାଣୀଦ୍ୱାରା କୁହାଯାଇ ନାହିଁ, ଏକ ଦଗ୍‌ଧ ଗର୍ଭାଶୟ
ତମେ ମଧ୍ୟ ଆସିଥିଲ ଠିଆ ହୋଇ ମୋର ସବୁ ମାମୁଁଙ୍କ ପଛରେ
ମୋ ଜନ୍ମର ଖୁନ୍ଦାଖୁନ୍ଦି ମୁହୂର୍ତ୍ତରେ ହସୁଥିବା ମନେ ଅଛି ମୋର,
ତାହାପରେ କେତେବେଳେ ତମେ ଏକ ମେଘାଚ୍ଛନ୍ନ ଆକାଶର ଟିକେ
ଫର୍ଚ୍ଚା ଫାଙ୍କେ ଝଲ୍‌ମଲ୍ କରୁଥିବା ତାରାପରି ରହିଛ ଦୂରରେ
କେବେ ବା ପାଖକୁ ଆସି ଉଦୁଉଦୁ ଦିପହରେ ଆମ୍ବଗଛ ତଳେ
ଠିଆହୋଇ ରହିଅଛି ଉଡୁଥିବା ପ୍ରଜାପତି କଙ୍କିଙ୍କ ଭିତରେ,
ଅଥବା ଡାକ୍ତରଖାନା ଛାଇ ଉହାଡ଼ରେ ତମେ ଟହଲୁଥିଲ ଓ
ଲୋକେ ଛାଡ଼ି ଦୀର୍ଘଶ୍ୱାସ ହାଇମାରି ଫେରିଗଲେ ଯେଝା ଯେଝା ଘରେ ।

ପ୍ରତ୍ୟେକ ଦେଖାରେ ତମେ ହସୁଥିଲ, କେତେବେଳେ ଖିଲ୍‌ଖିଲ୍ ହୋଇ
କେତେବେଳେ ମୁର୍କି ମୁର୍କି, ଏପରିକି ତମେ ମତେ ନଦେଖିବା ବେଳେ
ତମର ମୁହଁରେ ହସ ଲାଖିଥିଲା । ମୁଁ ପ୍ରଥମେ ଖୁବ୍ ଡରିଗଲି
ଓ ରାତିରେ ଝଡ଼ବେଳେ ସମୁଦ୍ରରେ ଜଙ୍କ୍‌ଖିଆ ତଳ ମେଲା ହୋଇ
ଜାହାଜ ବୁଡ଼ିଲା ପରି ବୁଡ଼ିଗଲା ପରି ମତେ ପ୍ରଥମେ ଲାଗିଲା ।
ତମକୁ ଚାହିଁବା ଲାଗି ତାହାପରେ ମୁଁ ଶିଖିଲି ହଲ୍‌ଚଲ୍ ନ ହୋଇ
ଓ ଦେଖିଲି କିଛି ନାହିଁ, ତମେ ଅବା ପରିତ୍ୟକ୍ତ ତୋଟାର ପଡ଼ିଆ
ସନ୍ଧ୍ୟାପରେ ବଣଭୋଜି କରୁଥିବା ଲୋକମାନେ ଗଲେ ଛାଡ଼ିଦେଇ,

ଏବଂ ମୁଁ ତା'ପରେ ମତେ ପଚାରିଲି, କାହା ଲାଗି ତୁ ଏତେ ଚିନ୍ତିତ ?
କାହାକୁ ରହିଛୁ ଜଗି ? କାହା ସାଙ୍ଗେ ଗୁଣ୍ଠି ହୋଇ ଏଣେ ତେଣେ ଯାଉ ?
କାହାକୁ ଘୋଡ଼ାଉ ଫୁଲପ୍ୟାଣ୍ଟ୍ ଏବଂ କମିଜରେ, କେବେ ସ୍ୱେଟର୍‌ରେ ?
ଉତ୍ତର ମିଳିଲା ନାହିଁ କାହାଠାରୁ, ମୋଠାରୁ ବା ରାତିର ନିଭୃତ
ସଡ଼କରେ ଚାଲୁଥିବା ଡେଙ୍ଗା ଡେଙ୍ଗା ଭୂତଙ୍କଠୁଁ, ଖାଲି ଦେଉଳର
ଧଳା ଶଙ୍ଖମଲ୍‌ମଲ୍ ଚଟାଣରେ ଶୋଇଥିବା ମୋଟା ପୁରୋହିତ
ନିଦ ବାଉଳାରେ କହେ ଅସଭ୍ୟ କଥା ଓ ଚତୁର୍ଦ୍ଦିଗ ମାଡ଼ି ମାଡ଼ି ପଡ଼େ।
ସେ ଦିନଠୁଁ ମୋର ଆଉ ଭୟ ନାହିଁ। କାହାକୁ ବା ଡରାଇ ପାରନ୍ତ ?

ତମର ହସକୁ ଆଉ ଭୟ ନାହିଁ, ଭୟ ନାହିଁ ତମର କାଶକୁ।
ଏପରିକି ବେଳେ ବେଳେ ମୁଁ ତମକୁ ଦୟାକଲି, ଭଲ ବି ପାଇଲି।
ତମେ ଯଦି ଆସିଥିଲ ମୋ ଜନ୍ମର ମୁହୂର୍ତ୍ତରେ ତେବେ ତ ନିଶ୍ଚୟ
ମୁଁ ଆସୁଛି ବୋଲି ତମେ ଜାଣିଥିବ, ଚାହିଁଥିବ ଆସିବା ବାଟକୁ।
ମୋର କିଛି ମନେ ନାହିଁ, କିନ୍ତୁ ଆଉ ଶୋକଲାଗି କି କାରଣ ଅଛି ?
ଶୁଖିଲା କାଠ ଓ ଘିଅ ପୋଡ଼ିକରି ସେମାନେ ବା ଜାଳିବେ କାହାକୁ ?
ମତେ ? ମୁଁ ତ ଲୋଡ଼େ କମ୍ବଳଟେ ଯେବେ ଖରାଦିନ ହାଓ୍ୱା ଘୋଡ଼ାପରି
ଦୌଡ଼ିଯାଏ ଡେଇଁ ଜିଭ ମେଲାକରି ଶୋଇଥିବା ବୁଲା କୁକୁରକୁ ?

ଦୂର୍ ହୁଅ, ଦୂର୍ ହୁଅ, ଅବୈଧ ସନ୍ତାନ ତମେ ଭୟାଳୁ ଭାଷାର।
ମୁଁ ଯେବେ ନିଜକୁ ନିଜେ ପଚାରିଲି କାହାଲାଗି ତୁ ଏତେ ଚିନ୍ତିତ
ଓ ଉତ୍ତର ନ ପାଇଲି ମୁଁ ଜାଣିଲି ସବୁକଥା ନିଶ୍ଚୟ ସମାନ,
ହସ ଯାହା କାନ୍ଦ ତାହା କାଶ ତାହା, ଯାହା ଠିଆ ତାହା ବସିବାର,
ଯାହା ଗ୍ରୀଷ୍ମ ତାହା ବର୍ଷା ତାହା ମଧ୍ୟ ଶୀତ ଏବଂ ତାହା ବି ବସନ୍ତ,
ବିବସ୍ତ୍ର ଯୁବତୀ ପିଠି ଯାହା ତାହା ଛିନ୍ନମସ୍ତା ଶ୍ୱେତ ବିଧବାର
ନିର୍ଦ୍ଦୋଷ ସାମ୍ନା ଓ ଯାହା କଳା ତାହା ଧଳା ତାହା ଲାଲ୍ ତାହା ନୀଳ
କାରଣ ମୁଁ ଭୁଲିଗଲି ସବୁ ଶବ୍ଦ, ନିଜକୁ ବି କଥା କହିବାର।

ମୁଁ ସୁତରାଂ ଭିନ୍ନ କରି ଦେଖୁନାହିଁ ତମକୁ ମୋ ଜନ୍ମ ମୁହୂର୍ତ୍ତରେ
ହସୁଥିବା ମାମୁଁମାନଙ୍କଠୁଁ। କିନ୍ତୁ ଯୋଡ଼େ ମଲା ଠେକୁଆଙ୍କୁ ଧରି
ତମେ ଯେତେବେଳେ ଆସ ଦୁଲୁକାଇ ଭୂଇଁ ଏବଂ ଛୁଆଙ୍କୁ ଡରାଇ
ମୁଁ ନିଶ୍ଚୟ କହିବି ଯେ ଅଧିକ ସଂଯମ ଲୋଡ଼ା ଜାରଜ ପକ୍ଷରେ,
ଏବଂ ବିଦୂଷକ କେବେ ଟ୍ରାଜେଡିର ରଜାପରି ହେବା ଅନୁଚିତ।
ଆସ୍ତେ ଆସ, ଯେଉଁପରି ହଂସ ଯାଏ ସ୍ଥିର ହ୍ରଦେ, ତା ଦୀର୍ଘ ଗ୍ରୀବାରେ
ଅପରାହ୍ନ ସୂର୍ଯ୍ୟାଲୋକ ଝଲ୍‌ସେ ଏବଂ ସେ ଖୁମ୍ପୁଛି ସଢ଼ିଲା ବେଙ୍ଗକୁ
ଯାହାକୁ ଫିଙ୍ଗିଛି କେଉଁ ବେଶ୍ୟା ଯେଣୁ ସଫା ଶେଯ ସେ ପସନ୍ଦ କରେ।

ସେହିପରି ଆସି, ବନ୍ଦକରି କୁହୁକୁହୁ ଶବ୍ଦ, ଆମ୍ବ ବଉଳର
ଅତରରେ ନ ତିନ୍ତାଇ ଆଲ୍‌ଖାଲା। ଚାଲ ଟିକେ ବସିବା, ଦେଖିବା
ଧୂସର ଆକାଶ ପଟେ ଉଡ଼ିଯାନ୍ତି ଧୀରେ ଧୀରେ ଅବଶିଷ୍ଟ କୁଆ,
ହତାଶ ଓ ଏକାକିନୀ ପତ୍ନୀପରି ଖୋଲିଦେଇ ଫାଶ ତା ଜୁଡ଼ାର
ସନ୍ଧ୍ୟା ବସିଅଛି। ଦାଣ୍ଡଘରେ ଫଟୋମାନେ ମିଟିମିଟି ଚାହାନ୍ତି ଓ
ପୁନଶ୍ଚ ପଡ଼ନ୍ତି ଶୋଇ। ନିଦ ନିଦ ନିଦ ନିଦ କେଡ଼େ ଚମତ୍କାର
ଏ ନିଦ ଯାହାକୁ ଭଙ୍ଗି ପାରେ ନାହିଁ ଶବ୍ଦ କିମ୍ବା ସ୍ମୃତି ଏବଂ ଯାହା
ଦିନେ କି ନିବିଡ଼ ଭାବେ ବାନ୍ଧିଥିଲା ମନପ୍ରାଣ ତା'ର ଏବଂ ମୋର!

ହେମଲତାର ମୃତ୍ୟୁ

ଆକ୍ଷିପତା ନ ପକାଇ ତରାମାନେ ହଠାତ୍ ଚାହିଁଲେ
ଆକାଶ ହଠାତ୍ ହେଲା ଅନ୍ତର୍ହିତ, ଦକ୍ଷିଣା ପବନ
ହଠାତ୍ ବୋହିଲା, ହଠାତ୍ ନିଶ୍ଚଳ ହୋଇ ଠିଆ ହେଲେ
ଧଳାଧଳା ମେଘମାନେ ଦେଖି ମୃତ ମୟୂରଙ୍କ ନାଚ,
ହଠାତ୍ ଜିଭରେ ମୋ ବାରି ଶୀତଋତୁ ଶବ୍ଦମାନେ
ଲୁଚିଗଲେ, ଝଡୁ ଝଡୁ ମଲ୍ଲୀଫୁଲ ଶୂନ୍ୟରେ ଲାଖିଲେ,
ଉଡୁଉଡୁ ପ୍ରଜାପତି ମଲ୍ଲୀଫୁଲ ଉପରେ ବସିଲେ।

ସେଦିନର ସନ୍ଧ୍ୟା ଥିଲା ଶୀତଳ ଓ ନିସ୍ତବ୍ଧତା ତା'ର
ବେଳେ ବେଳେ ଭାଙ୍ଗୁଥିଲା ଶୁଷ୍କ ପତ୍ରମାନଙ୍କ ଆଳାପେ
ମୁଁ କିପରି ଜାଣିଥାନ୍ତି ? ଶଗଡ଼ରେ ସବୁ ଶବ୍ଦ ମୋର
ବୋହୂପରି ଚାଲିଗଲେ, ଓ ପ୍ରେମିକ କେନାଲ୍ କୂଳରେ
ବସି ଭାବୁଥିଲା ତାଙ୍କ ଚୋରା ପ୍ରେମ କଥା। ମୁଁ କିପରି
ଜାଣିଥାନ୍ତି ? ମୁଁ ମୋ ପାଦ ହଲାଇଲି କେନାଲ୍ ପାଣିରେ
କେତେ ମଲା କଙ୍କଡ଼ା ଓ ମହୁରାଳି ଆଙ୍ଗୁଠି ସନ୍ଧିରେ
ଚାଲିଗଲେ, ଏବଂ କେଉଁ ଗାଈଆଳ ବଂଶୀ ବଜାଇଲା
ଘୁଞ୍ଚିଥିବା ସନ୍ଧ୍ୟା ଆଡୁ। ଦେଉଳରେ ଘଣ୍ଟ ବାଜୁଥିଲା।

କ'ଣ କଲେ ପିଲାମାନେ ମୁହଁ ଜ୍ୟୋସ୍ନାଦ୍ୱାରା ରଙ୍ଗ କରି
ଯେତେବେଳେ ମହୁରାଳି ତରାମିଶା ପାଣିରେ ଡେଇଁଲେ,

ଯେତେବେଳେ ଇନ୍ଦ୍ରଧନୁ ଝଡ଼ି ଯାଉଥିଲା ପତ୍ର ପରି ?
ଯଥେଷ୍ଟ ସମୟ ଥିଲା ସେମାନଙ୍କ ଦେଖିବା ନିମିତ୍ତ
ଗଜପତି କପିଳେନ୍ଦ୍ର ଦେବଙ୍କର ଦିଗ୍‌ବିଜୟ ପରେ
ଘୋଡ଼ାଙ୍କ ଅଶାନ୍ତ ଖୁରାଦ୍ୱାରା କ୍ଷିପ୍ତ ଧୂଳିପଟଳର
ଦର୍ପଣରେ ଅଙ୍ଗାର ଓ କୁହୁଳିବା ଓଦା କାଠଙ୍କର
ଧୂଆଁ ପାଖ ପଲଙ୍କରେ। ତ୍ୟକ୍ତ କନ୍ଥାପରି ଭାସୁଥିଲେ
ତାଙ୍କର ନିଷ୍ପ୍ରାଣ ହାତ, ଓ ନିଦରେ ସେମାନେ ହସିଲେ
(ସମ୍ଭବତଃ ହେମଲତା ତାଙ୍କୁ ହସକଥା କହୁଥିଲା)
କିଛି ନ ଦେଖିଲା ପରି, ଯେଉଁଦିନ ହେମଲତା ମଲା।

ଯେଉଁଦିନ ହେମଲତା ମଲା ଆଜି ମରିଯିବ ବୋଲି
ଧାରଣା ନ ଥିଲା ମୋର, ଅକସ୍ମାତ୍ ତଥାପି କାହିଁକି
ହାତଯୋଡ଼ି ଆଖିବୁଜି ମୁଁ ସେ ଦିନ ପ୍ରାର୍ଥନା କରିଲି
ଅଧେ ନିଷ୍ପାପର ହୋଇ, ଅଧେ ଏକ ମନମତାଣିଆ
ଗୀତ ଖାଲି ଗାଇବାକୁ। ସେ ଗୀତର ସ୍ୱର ଜଣାଯାଏ
ଆଜି ଅବାନ୍ତର ଏବଂ ଅର୍ଥ ତା'ର ଅନ୍ଧାର ରାତିରେ
ଗଛ ଛାଇ ପରି କାନ୍ଦେ ଲୁପ୍ତ ପାଦଶବ୍ଦ ଉଦ୍ଦେଶ୍ୟରେ।

ଏବେ ବି ରହିଛି ମନେ ମୁଁ ଘରକୁ ଫେରିବା ମୁହୂର୍ତ୍ତ।
ଆହା ସେ ଫେରିବା ହେଲେ ଚାଲିଥାନ୍ତା ସବୁଦିନ ଲାଗି !
ଆହା ମୋ ସନ୍ତାନମାନେ ! ତମେ ହେଲେ ଶୋଇ ରହିଥାନ୍ତ
ଓ ଭେଟି ନ ଥାନ୍ତ ମତେ ଆମଘର ଇରୁଣ୍ଡି ବନ୍ଧରେ !
ସେତେବେଳେ ତାରାମାନେ ଦପ୍ ଦପ୍ କଲେ ଓ କାକର
ପବନ ଉଡ଼ାଇ ନେଲା ମୋର ଓଦା କମିଜ୍ ବାସ୍ନାକୁ
ପ୍ରାୟ ମଣିଷଙ୍କ ପରି ଦିଶୁଥିବା ମେଘଙ୍କ ପାଖକୁ।

ମାଷ୍ଟ୍ରାଣୀ

ଦୁଇ ଆଉ ଦୁଇ ମିଶି ଚାରି, ଏଡ଼େ ସ୍ପଷ୍ଟ ସତ୍ୟର କାହିଁକି
ଲୋଡ଼ା ମୋର ଯୌବନର ସାହାଯ୍ୟ? ଦିନେ ନା ଦିନେ ମୁଁ
ପ୍ରୌଢ଼ା ହୋଇଯିବି ଏବଂ ଚଷମାର ମୋଟା ଫ୍ରେମ୍‌ରୁ ମୋ
ପଶି ଯାଇଥିବା ଗାଲ ଝୁଲୁଥିବ ବାଦୁଡ଼ି ପରି, ବା
ମୁଁ ଘୋଷାରି ଚାଲୁଥିବି ଅସହଜ, ପୃଥୁଳ ଶରୀର।
ସେତେବେଳେ ମଧ୍ୟ ମତେ ଦୁଇ ଏବଂ ଦୁଇ ମିଶି ଚାରି
ବୋଲି କହିବାକୁ ହେବ। ମୁଁ ସତ୍ୟର ଖୁବ୍ ଦରକାର,
ସବୁବେଳେ, ମୁଁ କ'ଣ ଚାହୁଁଛି ତାକୁ? ବୋଧେ ବେଳେବେଳେ
ଗୋଟେ ଅଧେ ମିଛ କଥା ମତେ ବେଶ୍ ଆରାମ ଦିଅନ୍ତେ।
ଉଜ୍ଜ୍ୱଳ କୋଠରୀ ନୁହେଁ ସର୍ବାଧିକ ଶ୍ରେୟ ସବୁବେଳେ।
ସେମାନେ କହନ୍ତି କିନ୍ତୁ, ଭବିଷ୍ୟତ ମାନେ ମୋ ଦେଶର
ମୋ ହାତରେ ଅଛନ୍ତି ଓ ମାତା, ପିତା ସବୁ ମୁଁ ତାଙ୍କର।

ମୁଁ ଚାଲି ଆସିଛି ଛାଡ଼ି ବହୁତ ଜିନିଷ; ପ୍ରଥମତଃ, ଘର
(ବୈକୁଣ୍ଠ ସମାନ ଆହା ଅଟେ ସେହିଘର); ଦ୍ୱିତୀୟତଃ,
ବିଭାଘର (ଭଲ ବୋଧେ ଲାଗିଥାନ୍ତା ବଉଳପାଟକୁ
ସାଦାକରି ପିନ୍ଧି ଲଇଁ ଲଇଁ ଚାଲିଥିଲେ, ବା ପାତଳ
ହଳଦିଆ, କାଗଜରେ ପଢ଼ିଥିଲେ ଗୀତ ଯେ କାହିଁକି
ମଙ୍ଗଳ ବାଜଣା ବାଜେ, ବହେ ତୋରା ଚଇତାଳି ଏବଂ
କୁହୁକୁହୁ ଗାଏ ପିକ, ହେ ବିଦେଶୀ ଆମର ଅପାକୁ

ଚୋରି କିଆଁ କରି ନିଅ, ଯା ହେବାର ହେଲାଣି ଏଣିକି
ନବ ଦମ୍ପତିଙ୍କ ଶିରେ ଢାଳ ପ୍ରଭୁ ତମ କୃପାବାରି);
ତୃତୀୟତଃ, ମାତୃତ୍ୱ (ମୁଁ ନୂଆ ନୂଆ ଡିଜାଇନ୍ ଶିଖି
ଜାମା ପେଣ୍ଟ୍ କରିଥାନ୍ତି ସୂକ୍ଷ୍ମ ଛୁଞ୍ଚି କାମରୁ ବି କିଛି);
ଚତୁର୍ଥତଃ, ପ୍ରେମ (ଏବଂ ସାଙ୍ଗ ହୋଇ ମେଳା ଦେଖି ଯିବା);
ଏପରି ଅନେକ କିଛି ଆଦ୍ୟ ଯୌବନରୁ ଛାଡ଼ିଅଛି।
ସତ୍ୟର ବି ପ୍ରୟୋଜନ ଏ ଅବସ୍ଥା (ନିଃସ୍ୱାର୍ଥ ତ୍ୟାଗର)!
ସୁତରାଂ ମୁଁ ହୁଏତ ଦୁଇ ଏବଂ ଦୁଇ ମିଶି ଚାରି
କହିବାକୁ ଉପଯୁକ୍ତ- ଆଜି, କାଲି, ବର୍ଷ ବର୍ଷ ଧରି।

ବହୁତ ହଳଦୀବର୍ଣ୍ଣ ସକାଳ ଓ ଅସଂଖ୍ୟ ସଫେଦ୍
ଦ୍ୱିପ୍ରହର ଓ ବହୁତ ଅପରାହ୍ଣ ନାରଙ୍ଗ ରଙ୍ଗର
ଫୁଟନ୍ତି ମୋ ବଗିଚାରେ ନାନାରଙ୍ଗ ଫୁଲପରି। ଏହି
ବଗିଚା ସୁନ୍ଦର ଜାଗା-ପରିଷ୍କାର, ନିସ୍ତବ୍ଧ, ଶୀତଳ।
ମୁଁ ସୁତରାଂ ଏଠି ବସେଁ ଫୁରୁସତ୍ ବେଳେ, ଭଲଲାଗେ
ନ କହି ଦେଖିବା ଲାଗି, ଆଖିପଛେ ହେଉ ଛଳଛଳ।
ସବୁଠାରୁ ଭଲଲାଗେ କାମଦାମ ସାରି ଖାଇଦେଇ
ହାତରନ୍ଧା ଖାଇବା ଓ ବଦଳାଇ ଦେଇ ଲୁଗାପଟା
ପାନଖିଲେ ଖାଇ ଏକ ଚଉକୀରେ ଏଠି ବସିବାକୁ।
ଏ ବଗିଚା ପରିଷ୍କାର, ମାଟି ତା'ର ବାରମ୍ବାର ଖୋଳି
ଖରାରେ ତା ଅନ୍ତ ପୋଡ଼ି, ପୋକଜୋକ ଏବଂ ଚେରମୂଳ
ସବୁ ନଷ୍ଟ କରି ତାକୁ ମୁଁ ବସିବା ଲାଏକ୍ କରାଇ
ଏଠି ବସେଁ। ଆଉ କିଛି ଅର୍ଥ ନାହିଁ ଏହି ବଗିଚାରେ।
ରକ୍ତ ବନ୍ଦ ହୋଇଯିବା କିମ୍ବା ଧୁକୁଧୁକୁ ଚମଡ଼ାର
ଅସ୍ୱସ୍ତି ଲାଗିବ ନାହିଁ। ଏ ବଗିଚା ବଡ଼ ଚମତ୍କାର।

ଏ ବଗିଚା ଚମତ୍କାର, ଯଦିଓ ତା ଭିତରେ ବସିଲେ
ରାତି ସାରା ଜଣାଯିବ ମୁହୂର୍ତ୍ତକ ପରି ଏହି କଥା
ନିଶ୍ଚୟ ଅତିରଞ୍ଜନ। ସତ କଥା କୁହାଯାଉ, ପ୍ରତି

ସେକେଣ୍ଡ୍ ଏଠାରେ ଲାଗେ ମିନିଟ୍‌କ ପରି ଓ ପ୍ରତ୍ୟେକ
ମିନିଟ୍ ଘଣ୍ଟାକ ପରି, ପ୍ରତି ଘଣ୍ଟା ବହୁତ ଶତାବ୍ଦୀ
ପରି ଲାଗେ, ମୋର ଗୋରା ଛଟପଟ ଦେହ ମିଶିଯାଏ
ଔଷଧଙ୍କ ଦୂର ବାସ୍ନା ସାଙ୍ଗେ ଏବଂ ଅଦୃଶ୍ୟ ଅନେକ
ଝିଙ୍କାରୀଙ୍କ ଶବ୍ଦ ସାଙ୍ଗେ ଖୁବ୍ ବେଶୀ ଦୁଇଟି ଘଣ୍ଟାରେ।
ମତେ କେତେ ବର୍ଷ ହେଲା ? ପନ୍ଦର, ନା ପଚାଶ, ଷାଠିଏ ?
ମୁଁ ଜାଣେନି, ମୁଁ କେବଳ ଦେଖୁଅଛି ଏକ ଅବାନ୍ତର
ଯୌବନ ମିଳାଇ ଯାଏ ଲକ୍ଷ୍ୟହୀନ ଏକ ବାର୍ଦ୍ଧକ୍ୟରେ
ଯେପରି କୌଣସି ଚିତ୍ରେ ସ୍ତନ ଏକ ବିବସ୍ତ୍ର ନାରୀର
ବିଜୁଳିରେ ଆଲୋକିତ ଝରକାର କାଚ ସାଙ୍ଗେ ମିଶେ
ଓ ତାହାର ପଛଆଡୁ ମିଶିଯାଏ ସଫେଦ୍ ପର୍ଦାରେ
ଯାହା ଝୁଲେ ଫୁଲି ଫୁଲି ପଶି ଆସୁଥି ବା ପବନରେ।

ଏ ବଗିଚା ଚମତ୍କାର। ବେଳେ ବେଳେ ଭୁଲି ହୋଇଯାଏ
ଯେ ଆଜିର ସତ୍ୟ ଖାଲି ଆଜି ପାଇଁ ସତ୍ୟ ଅଟେ। ଦିନେ
ନା ଦିନେ ମୁଁ ଦୁଇ ଏବଂ ଦୁଇ ମିଶି ଚାରି କହିବାରୁ
କ୍ଷାନ୍ତ ହେବି। ଏ ଜଘନ୍ୟ ମଧୁଶଯ୍ୟା ବନ୍ଦ ହେବ ଏବଂ
ବନ୍ଦ ହେବ ଝାଳବୁହା, ବନ୍ଦହେବ ସବୁ କ୍ଳାନ୍ତି, ମୋର
ଗୋରା ଦେହେ ଲଜ୍ଜାକର କ୍ଷତଚିହ୍ନ ବନ୍ଦ ହେବ ଦିନେ ଅବା ଦିନେ,
ଆକାଶକୁ ଝଲସାଲ ଫୁଟୁଥିବ ବାଣ ଓ ଦୂରରୁ
ଶୁଭିବ ବାଜଣା ଏକ ଆସ୍ତେ ଆସ୍ତେ ପାଖେଇ ଆସିବା
ଶୋଭାଯାତ୍ରାର ଓ ବହୁ ବଛା ବଛା ରାନ୍ଧୁଣିଆଙ୍କର
ଦ୍ୱାରା ଖାନା ରନ୍ଧା ହେବ, ମାଇପି ଓ ପିଲାଙ୍କ ଭିଡ଼ରେ
ପଡ଼ିଆ ଗହଳ ହେବ, କେତେ ପିଲା ବଢ଼ାଇବେ ହାତ
ଓ ମାଗିବେ ରଙ୍ଗ ରଙ୍ଗ ବେଲୁନ୍ ଓ ଅନେକ ରଙ୍ଗରେ
ଅଙ୍କା ଇନ୍ଦ୍ରଧନୁ ଦେଖି ଆଁ କରି କେତେକ ରହିବେ
ଦିନେ ନା ଦିନେ, ହୁଏତ ଆଜିଠାରୁ ବହୁବର୍ଷ ପରେ।

ମୋ ଦେଶର ଭବିଷ୍ୟତମାନେ କିନ୍ତୁ ଅଛନ୍ତି ହାତରେ
ମୋର, ତେଣୁ ପଛେ ରଖି ଅତୀତକୁ ହୁଅ ଆଗଭର,
ଉତ୍ତିଷ୍ଠତ ଜାଗ୍ରତ ଓ ସତକହି ମଲେ ପଛେ ମର।

ଆଗଭର ହୁଅ ହେ ମୋ କ୍ଲାନ୍ତ କ୍ଲାନ୍ତ ଆତ୍ମା ଆଗଭର
ହୁଅ ହେ ମୋ କ୍ଲାନ୍ତ ଆତ୍ମା ହସ ନାହିଁ କିମ୍ବା କାନ୍ଦନାହିଁ
ଯଥେଷ୍ଟ ସମୟ ଅଛି ହସିବା ବା କାନ୍ଦିବା ଉତ୍ତାରୁ
କିମ୍ବା ଯୁଗପତ୍ ହସ କିମ୍ବା କାନ୍ଦ ଉତ୍ତାରେ ସମୟ
ତଥାପି ରହିବ ଏବଂ ହେ ମୋ କ୍ଲାନ୍ତ ଆତ୍ମା କିଛି ବେଳ
ବଗିଚାରେ ରହିଯାଅ ଆଗଭର ହୋଇବା ପୂର୍ବରୁ।
ଏ ବଗିଚା ଚମତ୍କାର। ଆରାମରେ ବସ ଗୋଡ଼ ରଖି
ଗୋଡ଼ରେ ଓ ଶୁଣ ଏବେ ଚାରିଆଡ଼ କୋଳାହଳମୟ
ଆସୁଥିବା ଶୋଭଯାତ୍ରା ବାଜଣାରେ। ଏବେ ଦେଖ ଦିଶେ
ଶୋଭାଯାତ୍ରା ଏବଂ ତମେ ତା ସମ୍ମୁଖେ କି ସୁନ୍ଦର ବେଶେ!
ପିଲାମାନେ ମାଗୁଚନ୍ତି ରଙ୍ଗ ରଙ୍ଗ ବେଲୁନ୍, କେବଳ
ତାଙ୍କ ହାତମାନ କଟା। ଏ ଦୃଶ୍ୟ କି ଅପୂର୍ବ ଛବିଳ!
ଆଜି ସ୍କୁଲ୍ ଛୁଟି ଆଜି ଶୋଭାଯାତ୍ରା ମାଷ୍ଟ୍ରାଣୀଙ୍କ ପାଇଁ,
ଖଇ ଓ କଉଡ଼ି ପଡ଼େ, ସବୁ କିଛି ସରିଯାଇ ନାହିଁ।

ହୃଦୟେଶ୍ୱରୀ

୧

କି କଦର୍ଯ୍ୟ ସ୍ୱପ୍ନ! ମତେ ବାରମ୍ବାର ବାଧ୍ୟ କରୁଥିଲା
ଖାଇବାକୁ ନାନା ଦ୍ରବ୍ୟ ଯାହା ମତେ ଭଲ ଲାଗେ ନାହିଁ
ସ୍ତ୍ରୀ ଲୋକଟା ହଲାଇ ତା କାଠ ହାତ। ରାତିସାରା ମତେ
ବାନ୍ତି ବାନ୍ତି ଲାଗିଲା ଓ ମନେହେଲା ଆହୁରି ଅନେକ
ସ୍ୱପ୍ନ ମୁଁ ଦେଖିଛି-ଅସମ୍ଭବ ଷ୍ଟେସନ୍‌ରେ ଠେଲାପେଲା ହୋଇ
ମୁଁ ଚଢୁଛି ରେଳଗାଡ଼ି, ମୁଁ ଯାଉଛି ଉଡ଼ାଜାହାଜରେ,
ମୁଁ କିଣୁଛି ମାଛ ଏକ ତୀର୍ଥସ୍ଥାନେ। ଅଶୁଭସୂଚକ
ସବୁ ସ୍ୱପ୍ନ। ମୁଁ ଦେଖିଲି ଗତକାଲି ଯଶୋଦା ମିଶ୍ରଙ୍କୁ।
ସେ ପଚାରୁଥିଲେ ତମ କଥା, ତମ ପିଲାଙ୍କ ଖବର।
କେଜାଣି କାହିଁକି ମତେ ଲାଗିଲା ଯେ ଅଳ୍ପ ଦିନପରେ
ତାଙ୍କର ଦେହାନ୍ତ ହେବ। ସମ୍ଭବତଃ ଏହା ଶେଷଥର
ସେ ତମ ଖବର ନେଲେ। ମୋର ହଠାତ୍ ଇଚ୍ଛା ହେଲା ତାଙ୍କୁ
ଜାକି ଧରିବାକୁ, କିନ୍ତୁ ବାଟେ ଘାଟେ କିଏ ଏହା କରେ?
ତଥାପି ଲାଗିଲା ମତେ ଏହା ଥିଲା ଅନ୍ତିମ ସୁଯୋଗ।
ଭଗବାନ ତମ କୃପା ସବୁବେଳେ ଥାଉ ତାଙ୍କଠାରେ।

ମୁଁ ମୋର ସ୍ୱପ୍ନଙ୍କ କଥା କହୁଁ କହୁଁ ଯଶୋଦା ମିଶ୍ରଙ୍କ
ପ୍ରସଙ୍ଗ କହିଲି କିଆଁ? ସମ୍ଭବତଃ ଉଭୟଙ୍କୁ ନିଜେ

ଦେଖିଥିବା ଯୋଗୁଁ - ଆକ୍ଷି ବୁଜି ସ୍ୱପ୍ନଙ୍କୁ ଓ ଆକ୍ଷି ଖୋଲି
ଯଶୋଦା ମିଶ୍ରଙ୍କୁ। ବେଳେବେଳେ ମୁଁ ଥରିଲା ବେଳେ ଏବଂ
ମୋ ମନ ଅବ୍ୟବସ୍ଥିତ ଥିଲାବେଳେ ଯାହା ଦେଖିଥିଲି
ଆକ୍ଷିବୁଜି ମୁଁ ତାକୁ ମିଶାଇ ଦିଏଁ ଆକ୍ଷି ମେଲାକରି
ଦେଖିବା ଜିନିଷ ସାଙ୍ଗେ। ସେ ବେଳର କଷ୍ଟ ଏତେ ବେଶୀ
ଯେ ଲୋକ ବାଚାଳ ହୁଏ ପାଗଳ ବା ଧର୍ମଗୁରୁ ପରି।
ତା'ଛଡା ତମେ ତ ମୋର ପ୍ରିୟବନ୍ଧୁ। କେଡ଼େ ଗୁଲୁଗୁଲୁ
ତମର ଚାରିଟି ଛୁଆ, କି ସୁନ୍ଦର ତମ ଅର୍ଦ୍ଧାଙ୍ଗିନୀ,
କେତେ ବେଶୀ ରୋଜଗାର, କେତେ ବଡ଼ ତମ କୋଠା, ମୋର
ବେଳେବେଳେ ଇଚ୍ଛା ହୁଏ ମୁଁ ହୁଏତ ତମେ ହୋଇଯାନ୍ତି,
ବିଶେଷତଃ ଯେତେବେଳେ ଅଧା ମେଲା କରି ଦାନ୍ତ ତା'ର
ଲୁଣିଆ ଝାଳରେ ଓଦା ଦେହ ଯାକେ ମୋ ଦେହ ସାଙ୍ଗରେ
ସମୁଦ୍ର, ବା ଅନ୍ଧାର କକ୍ଷରେ ଏକ ମଞ୍ଚସ୍ଥ ଯାତ୍ରାର
ଫାଶୀଦଣ୍ଡ ପାଇଥିବା ନାୟକ ମୋ ପରି ମୁହଁ କରେ।
ଭାଷାନ୍ତରେ, ଯେତେବେଳେ ମୁଁ ଏକାକୀ ଏବଂ ଚତୁର୍ଦ୍ଦିଗ
ଅନ୍ଧକାର, ସେତେବେଳେ ଜଣାଯାଏ ମୁଁ ହୁଏତ ନାହିଁ,
ସେତେବେଳେ ଡରମାଡ଼େ-ଶୂନ୍‌ଶାନ୍ ଘରପରି ମୋର
ଲମ୍ବା ଚୌଡ଼ା ଦେହ ମାଡ଼ି ବସିଯିବେ ସମସ୍ତେ, ଘାତକ
ଓ ନିହତ, ବିଗତଯୌବନା ବେଶ୍ୟା ନାଚେ ଗୀତ ଗାଇ
ଓ ତା'ର ପ୍ରଣୟୀ ରଜା ଛାଡ଼ିଲେଣି ଆହାରବିହାର,
ଯାଇଥିବା ବୋଇତ ଓ ଦରିଆରେ ଚହଲି ଚହଲି
ତ୍ରିଭୁଜ ପତାକା ସବୁ ଫର୍ ଫର୍ ଉଡ଼ାଇ ଫେରନ୍ତା
ବୋଇତ ବୋଝେଇ ହୋଇ ହୀରା ନୀଳା ମାଣିକ୍ୟ ସୁବର୍ଣ୍ଣ
ଗୁଆ ହାତୀଦାନ୍ତ ଏବଂ ଆସୁଥିବାବେଳେ ଗର୍ଭବତୀ
ବହୁ ସ୍ତ୍ରୀ ଲୋକରେ। ଏ ସମସ୍ତ ଏ କୋଠିରେ ଆଜି ଅବତୀର୍ଣ୍ଣ।

ମୋ ଦେହ ଥରୁଛି, ମତେ ବାରମ୍ବାର ହାଇମାଡ଼େ ଏବଂ
ସାମାନ୍ୟ ଉତ୍ତାପ ମଧ୍ୟ ଅଛି ଆଉ ଶୀତ ବି ଲାଗୁଛି।

ମୋର ଆଦୌ ଦୁର୍ବଳତା ନାହିଁ ମୋର ଦେହ ପ୍ରତି, ମାତ୍ର
ଏ ଅନ୍ଧାର ଓ ନିର୍ଜନ ପ୍ରେକ୍ଷାଳୟେ ମତେ ଡରମାଡ଼େ।
ଫାଶୀ ପାଇବାକୁ ଏବେ ଦେଖ ଦେଖ ନାୟକ ଯାଉଛି।
ସେ ଗାଧୋଇ ଆସିଅଛି, ଆସିଅଛି ମୁଣ୍ଡିତ ମସ୍ତକେ,
ନୂଆ ଲୁଗା ପିନ୍ଧିକରି ଆସିଅଛି, ଲଲାଟ ପଟଳେ
ସିନ୍ଦୂରର ଦାଗ କରେ ଚକ୍ ଚକ୍। ହେ ବନ୍ଧୁ ଏହାହିଁ
ଶେଷ ମୌକା, ସବୁ ପ୍ରାରମ୍ଭିକ ଏବଂ ଅସୁବିଧା କାମ
ଆଉ ଜଣେ କରିଅଛି, ତମେ ଖାଲି ସେପରି ପୋଷାକେ
ଅନ୍ଧାର ମଞ୍ଚରେ ଫାଶୀଖୁଣ୍ଟ ଚଢ଼ି ନାୟକ ବଦଳେ
ମରିଯିବ। ତା'ପରେ ଅକ୍ଷୟ କୀର୍ତ୍ତି ପାଇବ ତମେ ହିଁ।
ମୃତ୍ୟୁ କେଡ଼େ ତୁଚ୍ଛ! ଆଉଥରେ ଶୁଣ, କେବଳ ପୋଷାକ
ବଦଳାଇ ଫାଶୀ ଖୁଣ୍ଟେ ଚଢ଼ିଯିବା ଛଡ଼ା ଆଉ କିଛି
କରିବାକୁ ହେବ ନାହିଁ, ବାକୀ ସବୁ ମତେ ଛାଡ଼ିଦିଅ,
ମୁଁ ତମ ବିଶ୍ୱସ୍ତ ବନ୍ଧୁ, କିମ୍ବା ଧର ଅଧମ ସେବକ।

୨

ହେ ନିହତ ସୌଦାଗର, ହେ ସଖା ମୋ କଲେଜ ବେଳର!
ହେ ପିତା ଓ ପିତାମହ ଓ ପ୍ରପିତାମହ, ଶୁକ୍ଳାମ୍ବର
ଧରବିଷ୍ଣୁ ଶଶିବର୍ଣ୍ଣ ଚତୁର୍ଭୁଜ ପ୍ରସନ୍ନବଦନ
ଧ୍ୟାୟି ବର୍ଷ ବର୍ଷ ଧରି ତମେ ଲୋଡ଼ାହୁଅ ଏବଂ ଯେବେ
ତମ ନାଆଁ ଭୁଲିଯିବେ ଅଣନାତି ପଣନାତିମାନେ
ତଥାପି ଅମୁକଦେବ ବୋଲି ଡାକି ତମ ପ୍ରେତାତ୍ମାର
ଉଦ୍ଦେଶ୍ୟେ ଢାଳିବେ ପାଣି ତାମ୍ରପାତ୍ରୁଁ ଆଙ୍ଗୁଠିସନ୍ଧିରେ
ଓ ଗଙ୍ଗାଯମୁନା ଏବଂ ଗୋଦାବରୀ ସରସ୍ୱତୀ ତୀରେ
ଅମୁକ ତିଥିରେ ତମେ ଓହ୍ଲାଇବ ଐଶାନ୍ୟ ଦିଗରେ।

ଆସ ଆସ ଡଙ୍ଗା ଚଢ଼ି ସମୟର ଉଜାଣି ସ୍ରୋତରେ,
ଆସ ହେ ମୋ ପିଲାବେଳ ସ୍କୁଲ୍ ବେଳ କଲେଜ୍ ବେଳର
ସଖା। ମୁଁ ତମକୁ ଦେଖେଁ ପୁନର୍ବାର ଅଚ୍ଛ ଆଲୋକିତ

କଲେଜର ନିକାଞ୍ଚନ ବାରଣ୍ଡାରେ ଯଶୋଦା ମିଶ୍ରଙ୍କ
ସାଙ୍ଗେ ଚାଲୁ ଥିଲବେଳେ, ପୁନର୍ବାର ଦେଖେଁ ମୁଁ ତୁମର
ଛାଟି ଦେଲା ପରି ଦେହ, ଧଳା ପ୍ୟାଣ୍ଟ୍ ଓ ଧଳା କାମିଜ୍,
ମୁଁ ପୁନଶ୍ଚ ଦେଖେଁ ତାଙ୍କ ଧଳାଶାଢ଼ୀ, ଡୋରିଆ କନାର
ବ୍ଲାଉଜ୍ ଓ ତମେ ଦୁହେଁ ଚାଲିଯାଅ ଦୋହଲି ଦୋହଲି
ସତେ ବା ପଶନ୍ତି ଯୋଡ଼େ ଦମ୍ପ ଏବଂ ବୋଝେଇ ବୋଇତ
ବନ୍ଦରକୁ, ଆକାଶ ପବନ ପୂର୍ଣ୍ଣ ବିଭିନ୍ନ ଦ୍ରବ୍ୟର
ବାସ୍ନାରେ। ତାଙ୍କୁ ଦେଖି ହସିଲି କାନ୍ଦିଲି।
ମୁଁ ଦେଖିଲି ଦେହ ଏବଂ ଶାଢ଼ୀ ଏବଂ ବ୍ଲାଉଜ୍ ଉପରେ
ଦୋହଲୁଛି ଛାଇ ତାଙ୍କ ଆସୁଥିବା ଦିନମାନଙ୍କର।

ଧିକ୍ ମତେ ! ତମପରି ବନ୍ଧୁ ଯାହା ଘୋର ଅନ୍ଧକାରେ
ବୁଲି ବୁଲି ଥକ୍କା ମାରି ବସୁଅଛ ଗଛଡ଼ାଳେ କିମ୍ବା
ଗିଲାସେ ପିଇବା ପାଣି ଖୋଜୁଅଛ ଅସହ୍ୟ ଶୋଷରେ !
ଭୟଙ୍କର ନିର୍ଜ୍ଜନତା ଭାଙ୍ଗୁ ନାହିଁ କଥୋପକଥନ
ଓ ତମେ ଯାଇଛ ଭୁଲି ସବୁ ଶବ୍ଦ, ସୁତରାଂ ନିଜର ଦୁର୍ଦ୍ଦଶା
ନିଜକୁ ନ କହି ପାରି କାନ୍ଦୁଥିବ ନିର୍ବାକ୍ କ୍ଷୋଭରେ।

ରାମନାମ ସତ୍ୟ ହେଉ, ମିଥ୍ୟା ହେଉ ଆଉ ସବୁ ନାମ,
ପୁଣ୍ୟଶ୍ଳୋକ ସୌଦାଗର ଛାଡ଼ି ଚାଲିଗଲେ ଇହଧାମ,
ସେ ଥିଲେ ମୋ ପିଲା ବେଳ ସ୍କୁଲ୍ ବେଳ କଲେଜ ବେଳର
ସଖା, କିନ୍ତୁ ସେ ବି ଥିଲେ କ୍ଷଣକୋପୀ, ଲୋଭୀ, ସ୍ୱାର୍ଥପର।
ରାମ ନାମ ସତ୍ୟ ବୋଲି ମୁଁ ଜାଣିଛି ବହୁତ ଦିନରୁ,
ପିଲାଦିନୁ ମୁଁ ସଂଯତ, ସତ୍ୟବାଦୀ ଏବଂ ଧର୍ମଭୀରୁ,
ମୁଁ ଜାଣିଛି ବିଭାଘର ଆଗୁଁ କାହା ପ୍ରେମରେ ପଡ଼ିଲେ,
ବା ବାଗ୍‌ଦତ୍ତାକୁ ଛାଡ଼ି ଆଉ କାହା ସଙ୍ଗେ ଘର କଲେ,
ବା ଧନ ଅର୍ଜ୍ଜନ କରି କୋଠାଘର କଲେ, ବା ସୁନ୍ଦରୀ
ଭାର୍ଯ୍ୟା ସାଙ୍ଗେ ଦିନନେଲେ ଈଶ୍ୱରଙ୍କୁ ସ୍ମରଣ ନ କରି
ପରମାୟୁ ଅଳ୍ପ ହୁଏ ଓ ପ୍ରେତାତ୍ମା ଅଶାନ୍ତଭାବରେ

ବାରବର୍ଷ ପୃଥିବୀରେ ଇତସ୍ତତଃ ବୁଲେ ଅନ୍ଧକାରେ,
ତାହାପରେ ବିଶାଶହେ ବର୍ଷ ଧରି ନର୍କେ କ୍ଳେଶ ପାଏ
ତାହାପରେ ଯଦି ପୁତ୍ର ନିୟମିତ ଶ୍ରାଦ୍ଧ କରିଥାଏ
ଓ ବୋହୂ କୁଳଟା ନୁହେଁ କେଜାଣି ସେ ଉଦ୍ଧାର ପାଇବ।
ଆହା ମୋ କଲେଜ୍ ବେଳ ସାଙ୍ଗ କେତେ ଦୁଃଖ ନ ପାଇବ!

ରାମ ନାମ ସତ୍ୟ ହେଉ ମିଥ୍ୟା ହେଉ ଆଉ ସବୁ ନାମ।
ଛୋଟ ଛୋଟ ଧଳାବାଳ ଧୁତୁଧୁତୁ ମୁହଁର ଚମଡ଼ା,
ମଇଳା ଓ ଭଙ୍ଗା ଫ୍ରେମ୍ ଚଷମାର ଭିତରୁ ଚାହାନ୍ତି
ଯଶୋଦା ମିଶ୍ର ଓ ତାଙ୍କ ଦୃଷ୍ଟି ଅଟେ ତୀକ୍ଷ୍ଣ ଏବଂ ସ୍ଥିର।
କଡ଼େଇ ଦେଖିଲେ ଲାଗେ ସେ ହୁଏତ ମହିଳା ନୁହନ୍ତି।
ସେ କ'ଣ ପ୍ରେମିକା ମୋର, କିମ୍ବା ମୋର ମୃତ ବନ୍ଧୁଙ୍କର?
ସେ ଆସନ୍ତି ହସି ହସି କାଠହାତ ହଲାଇ ହଲାଇ
ଓ ମୋ ପାଟି ପଡ଼ିଯାଏ, ମୁଁ ନିଃଶ୍ୱାସ ନେଇ ପାରୁ ନାହିଁ,
ହାତ ଗୋଡ଼ ଚଳୁ ନାହିଁ। ସେ କିଏ ସେ? ସେ କି ଅଂଶୀଦାର
କେଉଁ ମୃତ ବଣିକର ଯା'ର କ୍ଷୁବ୍‌ଧ ପ୍ରେତାତ୍ମା ଖୋଜୁଛି
ତା ସାଙ୍ଗକୁ-ପିଲାବେଳ, ସ୍କୁଲ୍‌ବେଳ, କଲେଜ୍‌ବେଳର?

୩

ସେ ଏକ ପୃଥକ୍ ଋତୁ, ତାହାପରି ଋତୁ ଏପର୍ଯ୍ୟନ୍ତ
ସେ ଦିନଠୁଁ ଆସିନାହିଁ। ଲକ୍ଷ ଲକ୍ଷ ତାରାଙ୍କ ଚାନ୍ଦୁଆ
ତଳେ ଜଣେ ଆସେ ପିନ୍ଧି ଧଳାଶାଢ଼ୀ, ଡୋରିଆ ବ୍ଲାଉଜ୍।
ଚନ୍ଦ୍ରାଲୋକ ନୀଳ ଦିଶେ, ଭାସିଯାନ୍ତି ଅସଂଖ୍ୟ ବୋଝେଇ
ବୋଇତଙ୍କ ସ୍ମୃତି ତା'ର ଧୋବ ଆକ୍ଷି ନିଶ୍ଚଳ ହ୍ରଦରେ।
ମୁଁ କ'ଣ ପ୍ରେମିକ ତା'ର, ବା ଅପ୍ରାପ୍ତବୟସ୍କ ବାଳକ
ନଡ଼ିଆ ଗଛରେ ପୂର୍ଣ୍ଣ କୂଳେ ଦୌଡ଼ି ଝାଳନାଳ ହୋଇ
ଦେଖୁଛି ବୋଇତମାନେ ହଜିଯାନ୍ତି ଅବ୍ୟକ୍ତ ଇଚ୍ଛାରେ?
ତା ଛାତି ଉଠେ ଓ ପଡ଼େ, ମନେପଡ଼େ ତା'ର ହସ ଯାହା
ଆସିଲା ନ ଦେଇଥିବା ହାଲ୍‌କା ଆଦ୍ୟ ଚୁମ୍ବନ ଉତ୍ତାରେ
ଏବଂ ଆଲିଙ୍ଗନ ଆଗୁଁ (ଏପର୍ଯ୍ୟନ୍ତ ଯାହା ଘଟିନାହିଁ)।

ମୁଁ କହିଲି ଚୁପ୍ କର ମୋ ଶୋଇବା ଘରେ ହସୁଥିବା
ଶବକୁ ଯେ, ଚୁପ୍ କର, ହସାହସି ଗର୍ହିତ ନିହାତି।
ମୋର ବାଳ ଅସ୍ତବ୍ୟସ୍ତ, ମୋ ସ୍ୱପ୍ନରେ ବୋହିବା ଲୁହର
ଅତରରେ ଏପର୍ଯ୍ୟନ୍ତ ମହକେ ମୋ କୁର୍ତ୍ତା ଏବଂ ଧୋତି।

ସେ ଏକ ପୃଥକ୍ ଋତୁ, ଆଜି କିନ୍ତୁ ନିରୀହ ନିଦରେ
ସେ ଆସନ୍ତି ଦେବାଲାଗି ସେ ଦିନର ଅଦିଆ ଚୁମ୍ବନ,
ସେ ଦିନ ନଦେଇ ଥିବା ଆଲିଙ୍ଗନ, ଆଜି ସେ ଆସନ୍ତି
କାଠହାତ ହଲାଇ ଓ ସେ ବସନ୍ତି ମୋର ବିଛଣାରେ,
ମୁଁ ମନା କରିବା ସତ୍ତ୍ୱେ ସେ କହନ୍ତି ଖାଅ ଖାଅ ଏବଂ
ସେ ବାନ୍ଧନ୍ତି ମଲ୍ଲୀମାଳ ମୋ ଖଟର ମଶୁରି ବାଡ଼ରେ।
ସେ କ'ଣ ପ୍ରେମିକା ମୋର? କିନ୍ତୁ ତାଙ୍କ ମୁହଁର ଚମଡ଼ା
ଧୁଡୁ ଧୁଡୁ, ଭଙ୍ଗା ଓ ମଇଳା ଫ୍ରେମ୍ ଚଷମା ଭିତରୁ
ତାଙ୍କର ଏକାଗ୍ର ଦୃଷ୍ଟି ଷ୍ଟେସନ୍‌ରେ କିମ୍ବା ତୀର୍ଥସ୍ଥାନେ
ମତେ ଖୋଜି ନିଏ ଏବଂ ଆମେ ଚାରିଚକ୍ଷୁ ହେଲାବେଳେ
ଅଚଳ ହୁଅନ୍ତି ମୋର ହାତଗୋଡ଼, ପାଟି ପଡ଼ିଯାଏ
ଓ ନିଃଶ୍ୱାସ ବନ୍ଦ ହୁଏ ଏକାଧିକ ମୃତ୍ୟୁଙ୍କ ଦୁଃସ୍ୱପ୍ନେ।

ତୋ ଦେହ ଉଜ୍ଜ୍ୱଳ ମାଗୋ ସସ୍ର ସୂର୍ଯ୍ୟ ଦୀପ୍ତିରୁ ଅଧିକ,
ତୋ'ର ମୁକ୍ତ କେଶ ମାଗୋ ଲମ୍ବିଅଛି ଆଣ୍ଠୁଯାଏଁ ତୋର,
ମୁକ୍ତାହାର ଶୋହେ ମାଗୋ ତୋ ବର୍ତ୍ତୁଳ ସ୍ତନଙ୍କ ଉପରେ,
ଏବଂ ତୋ ଭ୍ରୂଲତା କ'ଣ ପୁଷ୍ପଧନୁ କାମଦେବଙ୍କର?
ହାତୀଦାନ୍ତ ପରି ଧୋବ ଓ କଦଳୀ ଗଛ ପରି ଜଙ୍ଘ
ସ୍ତମ୍ଭ କି ସହିବା ଲାଗି ଓଜନ ତୋ ସ୍ଫୀତ ନିତମ୍ବର?
ରୁଦ୍ରାକ୍ଷର ମାଳ ଧରି ଏକ ହାତେ ଅନ୍ୟ ହାତେ ମାଗୋ
ଭକ୍ତଙ୍କୁ ଅଭୟ ଦେଉ। କି ସୁନ୍ଦର ଦରହାସ ତୋର!
ତତେ ନମସ୍କାର ମାଗୋ ଏବଂ ତୋ'ର ନାଟ ମନ୍ଦିରରେ
ନାଚୁଥିବା ବେଶ୍ୟା ଏବଂ କୁମାରୀଙ୍କୁ ମୋର ନମସ୍କାର।

ପଶାଖେଳ

କିଏ ସେ ଜିତିଲା କିଏ ହାରିଲା କେଜାଣି,
ମୁଁ ଖାଲି ଶୁଣିଲି କଳା ମଚ୍ ମଚ୍ ଅନ୍ଧାର କୋଠରୀ
ଭିତରେ ତିନୋଟି ଡାକ ଚୁପ୍ ଚାପ୍ ରାତିରେ ହଠାତ୍
ଟିଣ ଛାତେ ଟପ୍ ଟପ୍ ବର୍ଷା ଶବ୍ଦ ପରି ।

ଖରାବେଳେ ଜଳୁଥିବା ଲମ୍ବା ଚୌଡ଼ା ପଡ଼ିଆରେ
ପତ୍ରହୀନ ପାଉଁଶିଆ ଗଛ
ଉଡ଼ନ୍ତା ମେଘର ଛାଇ ମୁହୂର୍ତ୍ତକ ଲାଗି ଧରେ
ମୁହୂର୍ତ୍ତକ ପରେ ଛାଡ଼ିଦିଏ,
ଆକାଶର ବର୍ଣ୍ଣହୀନ ଉଜ୍ଜ୍ୱଳତା ଭିତରେ ନିଖୋଜ
କେତେ ସ୍ମୃତି କେତେ ପିଲାବେଳ ।
ପରିତ୍ୟକ୍ତ ଧର୍ମଶାଳା କୋଠରୀର କଡ଼ି ଓ ବର୍ଗାରେ
ବୁଢ଼ିଆଣୀ ଜାଲ ଥରିଯାଏ
ବାଟବଣା ଅପାର୍ଥିବ ଅକସ୍ମାତ୍ ପବନରେ, କାହିଁ
ପଶାପାଲି ? ସାଙ୍ଗଙ୍କ ଗହଳ ?

ଛାଇ ନୁହେଁ, ଛାଇଠାରୁ ନିଦାକେତେ
ଦୋଦୋପାଞ୍ଚ ମୂର୍ତ୍ତି
(ଜଣାଶୁଣା ଲୋକମାନେ ସ୍ୱପ୍ନରେ ଦିଶିଲା ପରି
ଝାପ୍‌ସା ଏବଂ ଦୂର)

କାନ୍ଥରେ ଦିଶନ୍ତି। ସେମାନେ ସେଠାରେ ବସିଛନ୍ତି ଏବଂ
ବେଳେ ବେଳେ ବୁଲନ୍ତି ଓ ସିଗ୍ରେଟ୍ ପିଅନ୍ତି।
ଦୟାମାୟା ନାହିଁ ସମୁଦ୍ରର।
ସମୁଦ୍ର ଫୋପାଡ଼ି ଦିଏ ଶବ ସବୁ। କିଏ ଜାଣେ କେଉଁ ଝଡ଼ଦ୍ୱାରା
ସମୁଦ୍ର ବିକ୍ଷୁବ୍ଧ ହୁଏ, କିଏ ଜାଣେ କେଉଁ ଇନ୍ଦ୍ରଜାଲେ
ସମୁଦ୍ର ମୁକ୍ତାଙ୍କୁ ରଖି ଟାଙ୍ଗିଦିଏ କାନ୍ଥରେ କେବଳ
ବିକଳାଙ୍ଗ ପରିତ୍ୟକ୍ତ ଶବ।
ମୋ ଅଙ୍ଗପ୍ରତ୍ୟଙ୍ଗ ହାୟ ଏଯାଏଁ ଚଞ୍ଚଳ,
ତେଣୁ ଏ ସମୁଦ୍ରକୂଳେ

ଇତସ୍ତତଃ ଶବ
ମୋ ହାତ ଟେକିବ।

ସାବ୍‌ଜା ଓ ଅଶିଣମାସ ଦିପହର ଖରାରେ ପାଲିସ୍
ପଡ଼ିଆ। ଝଙ୍କା ବରଗଛ ଛାଇ। କାନ ପାଖେ କେତେ ପ୍ରଜାପତି
ଟହଲ ମାରନ୍ତି। ବର୍ତ୍ତମାନ ମୋ ନିଶ୍ଚିହ୍ନ କାନ୍ଥ ଏହା।

ଏ କ'ଣ ସେ ବେଳ?
କିମ୍ବା ସେହି ସ୍ଥାନ କିମ୍ବା
ସେହି ପଶା ଖେଳ?

ଏହା ମୋ ଅନ୍ଧାର ଘର
ଏବଂ ମୋର ସମୁଦାୟ ଦେହ ଅଛି ଏ ଘର ଭିତରେ।
ଗୋଲ୍‌ଗାଲ୍ ଏବଂ ଦମ୍ଭହାତ ଅଛି, ଚଟାଣ ଉପରେ
ସ୍ତମ୍ଭପରି ଗୋଡ଼ ଅଛି, ଏହା ମୋର ଆକ୍ଷି ଏବଂ ଏହା ମୋର କାନ,
ହେଇଟି ମୁଁ। ଭଙ୍ଗାରୁଜା ମନ୍ଦିରର ବେଢ଼ା, ଏଠି ବିଚ୍ୟୁତ ପବନ
ଛିନ୍‌ଛତ୍ର ହୋଇଗଲା ଖସିପଡ଼ି ମୁହଁ ଅନ୍ଧାରରେ
ଏକ ମଲା ପ୍ରଜାପତି ମଖ୍‌ମଲ୍ ଚିତ୍ରିତ ଡେଣାରେ।

ଏହା ମୋ ଅନ୍ଧାର ଘର, ମୁଁ ଏଠାରେ ଅଛି ଏକ
ଯୁବକ ମୋହର
ଚିକ୍‌କଣ କପାଳେ କରେ ଝଲ୍‌ମଲ୍ ନାନାବର୍ଣ୍ଣେ ବିଚିତ୍ର ଅନ୍ଧାର
ଅନନ୍ତ ରାତ୍ରିର ଯାହା ଆଲୋକିତ ହୁଏ
                ଚିତାଗ୍ନିରେ ଉଜ୍ଜ୍ୱଳ ସ୍ୱପ୍ନରେ
କେବେ ବା ସେ କପାଳର ଅନ୍ତରାଳେ ସ୍ମୃତି ଉଡ଼େ ପ୍ରଜାପତି ପରି
                ବିକଳାଙ୍ଗ ମୃତ ସମୟରେ।

ସମୁଦ୍ର କୂଳ

ମୁଁ ଏଠାରେ ବିଲ୍‌କୁଲ ଏକାକୀ ଠିଆ, ମୋ ବ୍ୟତୀତ ସଭିଙ୍କୁ ଅଦୃଶ୍ୟ।
ଏହାହିଁ ସମୟ, ଅଳ୍ପ ହସ ଭୂଲତାକୁ ଟେକି ଆକ୍ଷି ବିସ୍ଫାରିତ କରି
ନିବିଷ୍ଟ ଭାବରେ ଚାହିଁ ତା ମୁହଁକୁ। ବଢ଼ାଅ ଡାହାଣ ହାତ
ଓ ତା'ର ହାତକୁ ଧର। ତା'ପରେ ନିଶ୍ଚିହ୍ନ ହୁଅ ତା ଭିତରେ।
ସେ ଅଟେ ସମୁଦ୍ର (ସମ୍ଭବତଃ କରୁଣାସାଗର)।
ଛୋଟ ଛୋଟ ଗୁପ୍ତକଥା ଛୋଟ ଛୋଟ ଦୁଷ୍ଟାମିଙ୍କ ସ୍ମୃତିମାନ ଧରି
ସମୁଦ୍ର ହୋଇଛି ଠିଆ। ସମୁଦ୍ର ସାମ୍ନାରେ
ଗାଡ଼ି ଭିଡ଼ ଲୋକ ଭିଡ଼। ଅସତ୍ୟ, ସବୁକିଛି ଅସତ୍ୟ। ଏ କୋଳାହଳ ପରି
ନିସ୍ତବ୍ଧତା ବି ଅସତ୍ୟ। ଲୋଚାକୋଚା ଫୁଲ୍‌ପ୍ୟାଣ୍ଟ୍ ଏବଂ ପୋଡୁଥିବା
ଓଠ ପରି ବି ଅସତ୍ୟ ଗଙ୍ଗାସ୍ନାନ। ଗଙ୍ଗାସ୍ନାନ ମୁଁ ନିଜେ କରିଛି।
କି କାକର ପାଣି! ଏବଂ କି ମଇଳା ଗଙ୍ଗାର ପାଣିରେ!

ଅସତ୍ୟ, ସବୁକିଛି ଅସତ୍ୟ। ପଞ୍ଜୁରୀରୁ ଫିଟି ପକ୍ଷୀ ସମୁଦ୍ର ଉପରେ
ଉଡ଼ିଯାଏ ଉଡୁ ଉଡୁ ମରିଯାଇ ଖସିପଡ଼େ ଏବଂ ତା'ର ଶବ
ଲହଡ଼ି ସୁଆରି ଚଢ଼ି ଫେରେ ପୁଣି ବଞ୍ଚେ ପୁଣି ପଞ୍ଜୁରୀକୁ
ପଶେ ପୁଣି ଫିଟେ ପୁଣି ଉଡ଼ିଯାଏ ପୁଣି ଖସିପଡ଼େ ପୁଣି ଫେରେ।
ଏ କ'ଣ କୁହୁକ? ଅବା ସୁଆଙ୍ଗ? ରାସ୍ତା ଫେରେ ସେହି ଖ୍ରୀଷ୍ଟାବ୍ଦକୁ
ଯେବେ ସେ ତିଆରି ହେଲା। ପୁରବାସୀ ପିଲାଛୁଆ ଧରି ଚାହିଁଥିଲେ।
ପାତ୍ରମନ୍ତ୍ରୀ ଓ ସାମନ୍ତ ରାଜାମାନେ ଧାଡ଼ି ଧାଡ଼ି ଠିଆହୋଇ ଢୋଲ ଓ କାହାଳୀ
ବାଜା ଶୁଣୁଥିଲେ ଓ ଅଣନିଃଶ୍ୱାସୀ ମାତ୍ର ହସ ହସ ମହାରାଜା ଆସି
ରକ୍ତହୀନ ଥୁରୁଥୁରୁ ହାତକୁ ଅଭୟ ଦେଲାପରି ହଲାଇଲେ।

ଚନ୍ଦ୍ର ଏବଂ ତରାମାନେ ଆକାଶରୁ ଟପ୍ ଟାପ୍ ଖସି
ଇତସ୍ତତଃ ପଡ଼ିଲେ ଓ ଅନ୍ଧକାର ଯେଉଁ ଦିଗକୁ ଚାହିଁଲେ
କେବଳ ଅନ୍ଧାର। ରାସ୍ତା ନାହିଁ ଗାଡ଼ି ନାହିଁ ଅଥବା କୌଣସି
ସ୍ମୃତି ନାହିଁ ଆଶା ନାହିଁ କିଛି ନାହିଁ କିଛି ନାହିଁ ଆଗକୁ ପଛକୁ।

ତାକୁ ଧରିରଖ ତାକୁ ଛାଡ଼ନାହିଁ ଦରକାର ହେଲେ
ବଳ ବି ପ୍ରୟୋଗ କର, କାରଣ ସେ ଯଦି ଚାଲିଯାଏ
ତମକୁ ଯିବାକୁ ହେବ ବୃକ୍ଷହୀନ ଜଳହୀନ ମରୁଭୂମୀ ମଧ୍ୟେ ଏବଂ ନର୍ଜନ ରାସ୍ତାରେ
ଏ ଅସତ୍ୟ ସହରର ଆକାଶରେ ତରାମାନେ ପୁଣି ଠକି ଦେବେ,
ସୂର୍ଯ୍ୟୋଦୟ ଦେଖି ତମେ କାନ୍ଦିବନି ଓ ତମକୁ ଦେଖାଯିବ ନାହିଁ
ତମର ସମସ୍ତ ଜନ୍ମଦିନମାନେ ଶୋଇଛନ୍ତି ଗୋଟିଏ ଧାଡ଼ିରେ
ଆପାଦମସ୍ତକ ଢାଙ୍କି ହୋଇ ନୂଆ ଧୋବ ଚାଦରରେ।

ସେ ଠିଆ ହୋଇଛି ସେଠି, ସମୁଦ୍ର ଯେମିତି, ବାସ୍ତବିକ ସମୁଦ୍ର ଅନନ୍ତ।
ପଚାର ସେ କେଉଁଠାରେ ଲୁଚାଇଛି ସହର, ତା ରାସ୍ତା,
ଫୁଲଙ୍କର ବାସ୍ନା ଏବଂ ବର୍ଷାରେ ଗାଧୋଇଥିବା ଜଙ୍ଗଲର ଓଦା ପବନକୁ,
ତମ ସାଙ୍ଗେ ଆସୁଥିବା ଭିଡ଼ ରେଲଡ଼ବାର ଲୋକଙ୍କୁ।
ପଚାର, ତମକୁ ସେ ନେଇଯିବ ସହର ଓ ତା ରାସ୍ତା ପାଖକୁ,
ଭଙ୍ଗାରୁଜା ଜନଶୂନ୍ୟ ଘର ଭିତରକୁ,
ଫୁଲଙ୍କର ବାସ୍ନା ଏବଂ ବର୍ଷାରେ ଗାଧୋଇଥିବା ଜଙ୍ଗଲର ପବନ ପାଖକୁ
(ଚପାହସ ଶେତା ପ୍ରେତଙ୍କର),
ତମେ ଆସୁଥିବା ଭିଡ ରେଲଡ଼ବା ଲୋକମାନେ ମୂକ ଇତସ୍ତତଃ
ବୁଲୁଥିବା ଛାଇ କେଉଁ ପ୍ରାଚୀନ ସ୍ୱପ୍ନର।

ସେ ତେଣୁ କରୁଣାସିନ୍ଧୁ। ଡରନାହିଁ, ମୁଁ କହିବା ମୁତାବକ୍ ତମେ
ନିର୍ବିଷ୍ଟ ଭାବରେ ଚାହଁ ତା ମୁହଁକୁ, ବଢ଼ାଇ ଡାହାଣ ହାତ,
ତା ଡାହାଣ ହାତ ଧର, ବିଶ୍ୱାସ ରଖ ଯେ
ଯେଉଁଦିନ ମଲ ପକ୍ଷୀ ଫେରିବନି ଲହଡ଼ି ସାଙ୍ଗରେ,

ଯେଉଁଦିନ ରାସ୍ତାଖାଲି କରାହେବ ମହାରାଜା ତାଙ୍କୁ ଭାଙ୍ଗିବାର
ଶୁଭଦେବେ, ଯେଉଁ ଦିନ ତମେ ସ୍ୱପ୍ନ ଦେଖିବ ଯେ ବାରମ୍ବାର ଅଳି କରୁଛନ୍ତି
ତମର ଅବିବାହିତା ପତ୍ନୀ ତମେ ଆଗନ୍ତୁକ ପ୍ରୌଢ଼ଙ୍କୁ ମନାଅ
ତାଙ୍କୁ ବିଭା ହେବା ଲାଗି ସେ ଦିନ ସେ ଦିନ ତମେ ପାଇବ ଉଦ୍ଧାର।

ଓ ତା'ପରେ ଫୁଲ ଫୁଲ ଖାଲି ଫୁଲ ଖଟରେ ରାସ୍ତାରେ।

ତାକୁ ଧରି ରଖ ତାକୁ ଛାଡ଼ିନାହିଁ ଦରକାର ହେଲେ
ବଳ ବି ପ୍ରୟୋଗ କର, ଯେହେତୁ ସେ ଚାଲିଯିବା ପରେ
ପ୍ରତ୍ୟେକ ଗଣ୍ଠିରେ ପୀଡ଼ା ହେବ, ଛାତି ଦରଜ ଲାଗିବ,
ତମକୁ ପାଛୋଟି ନେବେ ଲଜ୍ଜାରୁଣ ବୁଢ଼ୀଟିଏ କହି
କେତେଦିନ ରହିଗଲ କେଉଁ ଚନ୍ଦ୍ରମୁହାଁ ମନ୍ଦିରେ !

ସେ ସକଳ ମୃତ୍ୟୁ

ସେ ସକଳ ମୃତ୍ୟୁ ମୋର ଆଜି ମନେ ପଡ଼ନ୍ତି କାହିଁକି ?
କାହିଁକି ପଡ଼ନ୍ତି ମନେ ସେ ସକଳ କାନ୍ଦ ଯାହା
ତାସ୍ ପରି ଫେଣ୍ଟି ହୋଇଗଲେ
ଗଛଙ୍କ ଉପରେ ଏବଂ ମଇଁଷିଙ୍କ ପିଠିରେ ବିସ୍ତୃତ
କୂଳ ନ ଦିଶିବା ନଈପରି ଚନ୍ଦ୍ର କିରଣରେ, ଏବଂ
ଅଶାନ୍ତ ଚଞ୍ଚଳ ପାଦ ଲାଖି ଯାଇଥିଲେ
ମନ୍ତ୍ରଶକ୍ତିଦ୍ୱାରା ସ୍ଥିର ଜାହାଜଙ୍କ ପରି
ଚନ୍ଦ୍ର କିରଣରେ ।
ବାଜା ବାଜୁଥିବା ବେଳେ ହଠାତ୍ ଏକ ନିସ୍ତବ୍ଧ ମୁହୂର୍ତ୍ତ ।

ମୁଁ ଖାତିର୍ କରୁନାହିଁ ସେ ସକଳ ବିଗତ ମୃତ୍ୟୁଙ୍କୁ,
ସେ କାନ୍ଦମାନଙ୍କୁ (ବର୍ତ୍ତମାନ ଶୁଣିବା ମୁସ୍କିଲ୍)
ମୁଁ ଦେଖୁଛି ରାସ୍ତା କୋଣେ ଅପରାହ୍ଣ ଧୈର୍ଯ୍ୟଶାଳୀ ପାନବାଲା ପରି
ବସିଛ ଓ ମୋର କ'ଣ ଯାଏ ଯଦି ଅପରାହ୍ଣ ବସେ
ପାନବାଲା ପରି ରାସ୍ତା କୋଣେ ?
ମୁଁ ଖାତିର୍ କରୁନାହିଁ ମତେ ଚାହିଁ ବସିଥିବା ଶାଗୁଣାମାନଙ୍କୁ ।
ମୁଁ ଦେଖିଛି ସେମାନଙ୍କ ଛିଟ ଛିଟ ଡେଣା ଉହାଡ଼ରୁ
ବେଙ୍ଗଙ୍କର ଡିଆଁଡେଇଁ ରାସ୍ତାପାଖେ ଜମିଥିବା ଗେରୁଆ ପାଣିରେ
ତ୍ରାହି ପାଇ କେତେ ଖରା କେତେ ବର୍ଷା କେତେ କାକରରୁ ।

ସମସ୍ତଙ୍କ ପରେ ଗଲା ପ୍ରତିଧ୍ୱନିଙ୍କର
ଅପାର୍ଥିବ ସଂଗୀତରେ ପୂର୍ଣ୍ଣ ରାତିଅଧର ପବନ,
ଧୀରେ ଧୀରେ ଆସୁଥିଲେ ହାତେ ଧରି କଦଳୀ ଗଛର
ଖୋଳପାର ଡଙ୍ଗା କେତେ ବିଧବା ଯୁବତୀ
ନଈକୂ ଓ ନଈପାଣି ସ୍ଥିର ଥିଲା, ମଝିରେ ମଝିରେ
ଚକ୍‌ଚକ୍ କରୁଥିଲା ମେଘାଚ୍ଛନ୍ନ ଚନ୍ଦ୍ର କିରଣରେ।

ପ୍ରତ୍ୟେକ ବସ୍ତୁକୁ ଏବେ ଢାଙ୍କିଦିଏ ଶୂନ୍ୟ ଅନ୍ଧକାର
ପୁରୁଣା ସ୍ୱପ୍ନର, ଯେଉଁଥିରେ ସ୍ୱପ୍ନ ଦେଖୁଥିବା
ଲୋକ ଆତ୍ମହତ୍ୟା କଲା ଦଉଡ଼ି ଲଗାଇ।
ଏଠି ଲୋକ ନାହାନ୍ତି ଓ ନାହିଁ ତାଙ୍କ ଛାଇ,
ଏଠି ଖାଲି ଅଛି ତାଙ୍କ ଛାଇଙ୍କର ଛାଇ।
ଏଠି କାହା ସ୍ୱର ନାହିଁ ସେ ସ୍ୱରର ପ୍ରତିଧ୍ୱନି ନାହିଁ,
ଏଠି ଯାହା ଅଛି ପ୍ରତିଧ୍ୱନିଙ୍କର ପ୍ରତିଧ୍ୱନି ଏବଂ
ଏଠି କିଛି ନାହିଁ ଖାଲି ଅଛି ଏକ ଅଦୃଶ୍ୟ ପକ୍ଷୀର
ଡେଣା ଫଡ଼ ଫଡ଼ ଶବ୍ଦ, କୋଳାହଳ ତୁଚ୍ଛା ନ ଥିବାର।

କେଉଁଠି ସେ ଯାଦୁକର, ଚକ୍ ଚକ୍ ଚନ୍ଦ୍ର କିରଣକୁ
ଯାହାର ଚାଲାକି କଲା ଅଭେଦ୍ୟ ଅନ୍ଧାର ?

ରାସ୍ତା କୋଣେ ଆଉ ନାହିଁ ପାନବାଲା, ଏବଂ
ଏ ମୁହୂର୍ତ୍ତ ଯାହାଥିଲା ଏକ ଦୀର୍ଘ ବାଦ୍ୟ ସଂଗୀତରେ
ସଂକ୍ଷିପ୍ତ ବିରତି, ଏହା ପରେ ଆଉ ବାଜା ନାହିଁ।
ଏ ଭୂଭାଗ ପଦା ହେବ ଏବଂ ଏହା ବାୟୁମଣ୍ଡଳରୁ
ବାୟୁ ଚାଲିଯିବ, ମାତ୍ର ଅସୀମ ଦୟାରେ
ଈଶ୍ୱର ବରାଦ୍ କଲେ ମୁଁ ଯେପରି ନିଃସଙ୍ଗ ନ ହୁଏଁ,
ମୁଁ ଦେଖୁଛି ଅନ୍ଧକାରାଚ୍ଛନ୍ନ ଏହି ନଈର ପାଣିରେ
ପ୍ରତିବିମ୍ବ ମେଘମାନଙ୍କର
ଏବଂ ସବୁ ପ୍ରତିବିମ୍ବ ସାଦୃଶ୍ୟ ମୋ ଜ୍ଞାତିମାନଙ୍କର।

ସେ ସକଳ ମୃତ୍ୟୁ ମୋର ଆଜି ମନେ ପଡ଼ନ୍ତି କାହିଁକି ?
କାହିଁକି ପଡ଼ନ୍ତି ମନେ ସେ ସକଳ କାନ୍ଦ ? ମୋର
କିଛି ମନେ ନାହିଁ,
ସେ ବେଳ ଉଜ୍ଜ୍ୱଳ ଥିଲା ଚନ୍ଦ୍ର କିରଣରେ
ଅଥବା ଅନ୍ଧାର ଥିଲା, ମନେ ଅଛି କେବଳ ଏତିକି
କିଏ ଜଣେ ଚୁମା ଦେଲା ଅନ୍ତର୍ହିତ ମୋ ଓଠରେ ତା'ର
ଅନ୍ତର୍ହିତ ଉଷୁମ ଓଠରେ ।

ଦିଗ୍‌ବିଜୟ

ମୁଁ ବା ତତେ ଦେବି କ'ଣ
ତୋ ଜରର ସ୍ଥାୟୀ ମୁହୂର୍ତ୍ତରେ ?
କାନ୍ଦ୍‌ନାହିଁ କାନ୍ଦ୍‌ନାହିଁ, ଶୁଣ୍
କୁଆଟିଏ ସଜନା ଡାଳରେ
ରହି ରହି ଡାକୁଅଛି । ଛୋଟ
ପିଲାଟିଏ ମଝିରେ ମଝିରେ
କାନ୍ଦୁଅଛି । ଶୂନ୍‌ଶାନ୍ ଚାରିଆଡ଼ । କେଡ଼େ ଟାଣ
ସୂର୍ଯ୍ୟାଲୋକ ! ପୂର୍ବାହ୍ନ ଦଶଟା ବେଳେ ଦିନେ ନୀଳ ଥିବା
ଆକାଶ ସଫେଦ୍ ଦିଶେ ପ୍ରଚଣ୍ଡ ଖରାରେ ।

ମୁଁ କାନ୍ଦିବି ଅପରାହ୍ଣେ- ପ୍ରଥମ ଘଣ୍ଟାରେ
ବିମର୍ଷ ଲୁହରେ ପୂର୍ଣ୍ଣ ହେବ ମୋର ଆଖି,
ଦ୍ୱିତୀୟ ଘଣ୍ଟାରେ ଲୁହ ବୋହିବ ଯେହେତୁ
କାନ୍ଦୁଥିବା ଲୋକମାନେ ମତେ ଧୈର୍ଯ୍ୟ ଦେବେ,
ତୃତୀୟ ଘଣ୍ଟାରେ ମଧ୍ୟ ମୁଁ କାନ୍ଦିବି ଦେଖି
ନିଦ ଓଷଦରେ ଶୋଇଥିବା ଲୋକେ ଉଠି
କାନ୍ଦୁଛନ୍ତି । ତା ଉତ୍ତାରେ ଦଗ୍‌ଧ ଓ ଅନନ୍ତ
ମରୁଭୂମି ତୋର ସ୍ମୃତି । ବନ୍ୟାର ନିଷ୍ଫଳ
ଆକ୍ରମଣ । ତା ଉତ୍ତାରେ ହସମାଡ଼େ ଦେଖି
ନିଷ୍କପଟ ପିଲାଖେଳ ସକାଳ ପର୍ଯ୍ୟନ୍ତ ।

କିନ୍ତୁ ଏବେ-ବାଃ, ଏବେ ତୁ କି ବଡ଼ଲୋକ !
ଥଟ୍ଟା ନୁହେଁ, ତୁ କି ବଡ଼ଲୋକ !
ସବୁ ଶବ୍ଦ ଝଡ଼ିଗଲେ ବାସିଫୁଲ ପରି ।
ବର୍ଣ୍ଣନାତୀତ ସୌନ୍ଦର୍ଯ୍ୟ ଏହି ଭୟଙ୍କର
ସକାଳର, ଶବ୍ଦ କ'ଣ ପାରିଥାନ୍ତେ ଧରି ?

ଚାରିଆଡ଼େ ଶୂନ୍‌ଶାନ୍ ଏବେ
ହାତେ ଧରି ତାଜା ଦୂବଘାସ
ପକ୍ଷୀରାଜ ଘୋଡ଼ାକୁ ଡାକୁଛି ।
ସେ ଘୋଡ଼ାର ରୂପ ଚମତ୍କାର ।
ସେ ଘୋଡ଼ାର ନାଆଁ ଅଛି, ଯଦିଓ ମୁଁ ଜାଣେ
ତା'ର ନାଆଁ, କହିବାକୁ ଜିଭ ଲେଉଟୁନି ।
ତୁ ଯେବେ ସେ ଘୋଡ଼ାଚଢ଼ି ସଫେଦ୍ ଆକାଶ
ଭିତରେ ଅଦୃଶ୍ୟ ହେବୁ ତୋ ଅନୁପସ୍ଥିତିର
ମୃତ୍ୟୁହୀନ ପ୍ରାଙ୍ଗଣ ଗହଳି
ହେବ ଏବଂ ସବୁରି ମୁହଁରେ
ପ୍ରଶଂସା ସେ ବିଦ୍ୱାନ୍ ମାଷ୍ଟର ।

ଆଉ କୁଆ ଡାକୁନାହିଁ, ପିଲା କାନ୍ଦୁ ନାହିଁ,
ଶୂନ୍‌ଶାନ୍ ଏବେ ଚାରିଆଡ଼ ।
ସେ କେଉଁ ଅନାମଧେୟ ଯନ୍ତ୍ରଣା ଆସୁଛି
ଖରାଟିଆ ବାରଣ୍ଡା ଓ ହାୱାପୂର୍ଣ୍ଣ ଏହି
ଘରକୁ ଘୋଡ଼େଇବା ଅନ୍ଧାର ଭିତରେ ।
ଏଠି ମୋର ଶେଷ ଏବଂ ଏଠି ତୋର ଶେଷ ।
ଏଠି ମୋ ରକ୍ତର କ୍ଳାନ୍ତ ବକ୍ର ହାଇମାରେ ।
ରାସ୍ତାଯାକ ଭଙ୍ଗାକାଚ, ଓ ସମୁଦ୍ର ଆସେ
ଅତିକାୟ ଢେଉଙ୍କର ମୁଦ୍‌ଗର ହଲାଇ
ଅପାସୋରା ସୌନ୍ଦର୍ଯ୍ୟରେ ପୂର୍ଣ୍ଣ ଭୂକମ୍ପର
ମପାଚୁପା ଧ୍ୱଂସଯାଏ ସବୁ ପୋଛି ଦେଇ ।

କାନ୍ଦ୍ ନାହିଁ କାନ୍ଦ୍ ନାହିଁ, ମୋର
ଭୟ ଯୋଗୁଁ ତୁ କାହିଁକି ଘୋଡ଼ା ଚଢ଼ିବୁନି ?
ଅନ୍ୟ ଇଲାକାକୁ ଯହିଁ କୁଆର ଡାକିବା
ଓ ପିଲା କାନ୍ଦିବା ଶବ୍ଦ ତୋର ସ୍ୱାଗତର
କୁହୁକ ସଙ୍ଗୀତ ହୋଇ ଶୁଭିବେ ହାୱାରେ ।

ବାର୍ଦ୍ଧକ୍ୟ

କେଡ଼େ ଲାଜ ପଡ଼ିଯିବା ଚାରିକାତ ମେଲି କେଡ଼େ ଲାଜ
ଲଙ୍ଗଳା ମୁକୁଳା ହୋଇ ପଡ଼ିଯିବା କେଡ଼େ ଲାଜ ଆଣ୍ଠୁରେ ଆଣ୍ଠୁକୁ
ଯାକି ଦୁଇଗୋଡ଼ଯାକ ଟେକିଦେଲି ଛାତି ପାଖକୁ ଓ
ମୁଣ୍ଡକୁ ନୁଆଇଁ ଦେଲି ଜଙ୍ଘଆଡ଼େ ଓ ପେଟ ତଳକୁ
ହାତରେ ଘୋଡ଼େଇ ଦେଲି କେଡ଼େ ଲାଜ କେଡ଼େ ଲାଜ ଯେବେ
ସେ ଚାହିଁଲା ମୋ ଆଡ଼କୁ ମୋ ଦେହରେ ଦରଜ ନ ଥିଲା
ତା'ର ବଙ୍କା ଢଙ୍କା ମୁହଁ ଘରସାରା ଥିରି ଥିରି ଚାଲିବା ତା ତୈଳାକ୍ତ ଦୃଷ୍ଟିର
ଚୁଡ଼ୀଙ୍କର ରୁଣୁଝୁଣୁ ବନ୍ଦ ହେଲା ତା ପ୍ରଶସ୍ତ ଛାତିର ବନସ୍ତ
କୁଳୁକୁଳୁ ଝରଣା ଓ ଭୟଙ୍କର ହେଣ୍ଟାଳ ବାଘର।

ନାଲି ଲାଜ ନେଳୀ ଲାଜ ତା ଆକ୍ଷିର ସାବୁନ ପାଣିରେ
ଧୋଇ ହୋଇଗଲେ ସବୁ ଲାଜ ଏବେ ଲାଜ ନାହିଁ ଖାଲି
ଧୋବ ଧୋବ ସବୁ ଧୋବ ଗଲାଦିନ ଆସୁଥିବା ଦିନ
ସବୁ ମନେ ପଡ଼ିବା ଓ ସବୁ ସାମ୍ନା ଦିଗନ୍ତ ନିଜଠୁଁ
ଖସି ଚାଲିଯିବା ଲାଗି ରେଳଗାଡ଼ି ଠିଆ ମୋ ଦୁଆରେ।
ଧୋବ ନୁହେଁ ଧୋବ ନୁହେଁ ସବୁ କଳା ସବୁ ଝାପ୍‌ସା ମୋ ରେଳଡବାରେ
କେତେ ଲୋକ ସଭିଏଁ ଉଲଗ୍ନ କିଏ ଚାହୁଁ ନାହିଁ କାହାକୁ ସମସ୍ତେ
ଚୁପ୍‌ଚାପ୍ କେତେ ଦୂରେ ମୋର ଘର ଦୂର କେତେଦୂର
ଖାଲି ଯା ଆକାଶ ଦିଶେ ରେଳଡବା ଉପରେ ଓ ଦିପାଖେ ଦିଶୁଛି
ଓଦା ବଣ ମିଶାମିଶି କଳା ଏବଂ ସବୁଜ ରଙ୍ଗର।

ଓଦା ଧୂଆଁଳିଆ ଗାଢ଼ ସାବ୍‌ଜା ଅରଣ୍ୟରେ
ରେଳଗାଡ଼ି ଛୁଟିଚାଲେ ଉନ୍ମତ୍ତ ବେଗରେ
ମୋ ମନେ ପଡ଼ିଲା ତା'ର ମୁହଁ ତା'ର ମୁହଁ କି ସୁନ୍ଦର
ଲୁହ ସୁଡୁବୁଡୁ ତା'ର ମୁହଁ ଝୁଲେ ମୋ ମୁହଁ ସାମ୍ନାରେ
ତା ଓଠ ଡାହାଣ କୋଣ ଈଷତ୍ ବଙ୍କା ଦୁଃଖରେ ହୁଏତ
ଅଥବା ବିରକ୍ତି ଯୋଗୁଁ ମେଘ ନାହିଁ ତା'ର ଆକାଶରେ
ସୂର୍ଯ୍ୟ ନାହିଁ ଚନ୍ଦ୍ର ନାହିଁ ତାରା ନାହିଁ ତା ନିରୋଳା ଝାପ୍‌ସା କାନ୍ଦମୁହଁ
ଲୁଚିଯିବ ସବୁଦିନ ଲାଗି ଆଉ ଅଳ୍ପ ସମୟରେ।
କିଏ ସେ ବୁଝିଲା ମତେ ରେଳଗାଡ଼ି ବ୍ୟୋମଯାନ ମଟର ଶଗଡ଼
ସାଇକେଲ୍ ନାହିଁ କିଛି ନାହିଁ ଏହି ନିଷ୍ପ୍ରଦୀପ ରେଳ ଷ୍ଟେସନ୍‌ରେ
ମୁଁ ଅବା କୁଆଡ଼େ ଯିବି ଦୂର ଦୂର କେତେ ଦୂର ଖାଲି
ସୋରିଷ ଫୁଲଙ୍କ ବଣ କେଉଁଠାରୁ ଆସିଥିଲି ଆଉ
ମନେ ନାହିଁ ତେଣୁ କାନ୍ଦ ମାଡ଼ିଲା ଓ ତେଣୁ ମୁଁ କାନ୍ଦିଲି।

ପଲ ପଲ ପକ୍ଷୀ ରୁଣ୍ଡ ହେଉଥିଲେ ଅନ୍ଧାର ଭିତରେ
ହୁଏତ ସକାଳ ଲାଗି ଯାହାଥିଲା ହାତପାଆନ୍ତାରେ।

ଦିନ କ'ଣ ରାତି କ'ଣ

ବାଦାମୀ ଟାଆଁସା ଘାସ ସଂକୀର୍ଣ୍ଣ ରାସ୍ତାରେ
ଶୁଖିଲା କେନାଲ କୂଳେ। ବାଁ ହାତି ଭଙ୍ଗାପୋଲ। ହଳଦିଆ ହାସ୍ପାତାଳ ଦିଶେ
ସାମ୍ନାରେ ବହୁତ ଦୂରେ। ଆଉ କେତେ ବାଟ ?
ଗଛର ଟାଇଲ୍ ଛାତ ଧାଡ଼ି ଧାଡ଼ି ଘରଙ୍କ ଭିତରୁ
କେଉଁ ଘର ନୁହେଁ, କିନ୍ତୁ ପିଲାଟିଏ କାଖେଇ ପିଣ୍ଡାରେ
ଧୋବ ଶାଢ଼ୀ ପିନ୍ଧି ଜଣେ ହସି ହସି କହେ,
ତିନିଦିନ ତଳେ ଜଣେ ଆତ୍ମହତ୍ୟା କରିଛି ଏଠାରେ;
ତମେ ଯେଉଁ ଘର ଖୋଜ ଏ ଘର ସେ ନୁହେଁ।

ସନ୍ଧ୍ୟା ହେଲା। ଲକ୍ଷ ଲକ୍ଷ ଛୁଆଙ୍କର କାନ୍ଦ ଚୁପ୍ ଚାପ୍
ମହୁମାଛି ପରି ଉଡ଼ି ଉଡ଼ି
ବିଲ୍‌କୁଲ୍ ନ ଥିବା ଏବଂ ଓପରଓଳିର ଖରାଦ୍ୱାରା ଝଲ୍‌ମଲ୍
ମହୁଫେଣା ଖୋଜି ବୁଲୁଛନ୍ତି।
ମାଟି ଦୀପ ଆଲୁଅରେ ଆଲୋକିତ ମଣ୍ଡପ ଭିତରେ
କାନ୍ଥକୁ ଆଉଜି କେତେ ଦୀର୍ଘଶ୍ୱାସ ବସି ରହିଛନ୍ତି।
ଗଛପତ୍ର ନଈନାଳ ପାହାଡ଼ପର୍ବତ କିଛି ନାହାନ୍ତି ଏଠାରେ।
ଏଠାରେ ଅନ୍ଧାର ଏଠି ସମୁଦ୍ରର ଲାସ୍ ସଢ଼େ ଏକ
ଶୁଖିଲା ଓ ଛାଇ ଛାଇ ନଈ ମୁହାଣରେ।

ତାରାମାନେ ଦେଖୁଛନ୍ତି ଏଠି ଖଣ୍ଡେ ହାତ ସେଠି ଗୋଟେ
ମୁଣ୍ଡର କଙ୍କାଳ।
ପେଚା ଖୁବ୍ କ୍ଲାନ୍ତ ତେଣୁ ଚୁପ୍‌ଚାପ୍, ଓ ଇତିହାସର
ଦୁର୍ଗନ୍ଧରେ ହାୱା ଫାଟି ପଡ଼େ।
ମୋଡ଼ି ମୋଡ଼ି ହୋଇ ଓଦା ପଡ଼ିଆରେ ଚଲାବାଟ ଯାଏ
ସଢ଼ା ପାଣିପୂର୍ଣ୍ଣ ପୋଖରୀକୁ।
ହୁଏତ ସେ ଧୋବ ଶାଢ଼ୀ ପିନ୍ଧିଥିବା ସ୍ତ୍ରୀଲୋକ ଆସିଛି
ତୀର୍ଥ କରି ଏ ପୋଖରୀ ଆଡ଼େ।
ଏକଦା ନିର୍ମଳ ଥିଲା ପୋଖରୀ ଓ ପିଲାମାନେ ତା'ର
ଦୀପଦଣ୍ଡି ଉପରୁ ପାଣିକୁ
ଡେଉଁଥିଲେ ଓ ଏକଦା ଏହି ମୁଣ୍ଡ ଏବଂ ଏହି ହାତ
ଥିଲେ ଏକ ଅକ୍ଷତ ଦେହର।
ବିଲୁଆ ଛୁଆଙ୍କ ପରି ପଥରର ଦିଅଁ ମାନେ କ୍ଷୀର ଖାଉଛନ୍ତି
ଅତିକାୟ ଅସୁରୁଣୀ ପରି
ଶୋଇଥିବା ପୋଖରୀର ଥଲ୍‌ଥଲ୍ ଓ ସାବ୍‌ଜା ସ୍ତନରୁ।
ତେଲ ସରସର ମଡ଼ାଚଣ୍ଡିଆର ହାଇ ସାଙ୍ଗେ ପ୍ରତିଧ୍ୱନି ଶୁଭେ
ଚାପା କାନ୍ଦଣାର କେତେ ବିକଳାଙ୍ଗ ସ୍ନେହଙ୍କ କଣ୍ଠରୁ।

ମୋ ନିଜର ନାଆଁ ନାହିଁ ମୁହଁ ନାହିଁ ଅସଂଖ୍ୟ ଟୁକୁଡ଼ା
ଇତସ୍ତତଃ ଫିଙ୍ଗାଫିଙ୍ଗି ଆଲୁଅର ଖିଆଲି ହାତରେ
(ଆଲୁଅର ଯାହା ଦିନେ ପୂର୍ଣ୍ଣ କରିଥିଲା ମୋ ଅଗଣା,
ଆଲୁଅର ଯାହା ଦିନେ ଝଲସୁଥିଲା ସବୁରି ଉପରେ,
ଆଲୁଅର ଯାହା ଦିନେ ଆସିଥିଲା ପାହାଡ଼ଙ୍କ ଛାଇରେ ନିଦ୍ରିତ
ଗାଆଁରେ ଅପ୍ରତ୍ୟାଶିତ ମଡ଼କ ଭାବରେ)।
ଆଉ କିଆଁ ଲଇଁପଡ଼ି ଗୋଟାଇବି ମୋ ନିଜର ଟୁକୁଡ଼ାମାନଙ୍କୁ ?
କି ଲାଭ ଏ ଅନ୍ଧାରରେ ? ସରୁ ଦୀପଶିଖା ପରି ହସ
ଧଳାଶାଢ଼ୀ ପିନ୍ଧିଥିବା ସ୍ତ୍ରୀ ଲୋକର ପୋତି ହୋଇଗଲାଣି ତାହାର
ଦେହର ଆକାରଶୂନ୍ୟ ହତାଶା ଭିତରେ।

ସ୍ୱାମୀକୁ ହରାଇଥିବା ସ୍ତ୍ରୀଲୋକକୁ, ବ୍ୟାଣ୍ଡେଜ୍‌କୁ, ଛୁରୀକୁ, ରକ୍ତକୁ
ଏଡ଼ି ଦେଇ ଆସିବା ଉତ୍ତାରେ
(କ'ଣ ହେଲା ଯଦି କିଏ ହସୁଥିଲା, ଯଦି ମୁହଁ ଖୋଲି ନ ଡାକିଲା ?)
ଯେତେ ପାପ ତା ପରିଣାମରେ
ସ୍ୱପ୍ନରେ ବି ଦିଶିବ ନ ଖୋଜୁଥିବା ଖରାଟିଆ ଘର।
ଆଉ ସନ୍ଧ୍ୟା ରହିବନି ରହିବ କେବଳ
ମଚ୍ ମଚ୍ ଅନ୍ଧାରର କାନ୍ଥ ନାହିଁ ଛାତ ନାହିଁ ଅନନ୍ତ ପ୍ରକୋଷ୍ଠ।
ଛାଇଙ୍କର ସ୍ତମ୍ଭମାନେ ତାରାଙ୍କର କିରଣେ ଉଜ୍ଜ୍ୱଳ।

ମୋର ଯେତେ ଚିହ୍ନା ଲୋକ ପାଲଟିଲେ ରାତି ଏବଂ ମୋର
ଯେତେ ଚିହ୍ନା ନାରୀମାନେ ଦପ୍ ଦପ୍ ତାରା ପାଲଟିଲେ।
ହେ ମୋର ଜାଗ୍ରତାବସ୍ଥା, ମୁଁ କିପରି ବାରି ପାରିବି ବା
ମୋର ଛାୟାଚ୍ଛନ୍ନ ସ୍ୱପ୍ନମାନଙ୍କଠୁଁ ପାର୍ଥକ୍ୟ ତମର ?

କଳାହସ

ତା ଦେହକୁ ଖୁବ୍ ମାନେ ପୂରାହାତ କଳା ସ୍ୱେଟର୍। ସେ
ସାଇଁ ସାଇଁ ବୋହୁଥିବା ରାତିର ପବନ
ଠାରୁ ରକ୍ଷାକରେ ଜୁଳୁଜୁଳିଆ ପୋକଙ୍କ
ଦପ୍ ଦପ୍ ନୀଳ ଦୀପ ଠୋଲା ପାପୁଲିରେ।

ମୋର ବନ୍ଧୁମାନେ ଚାଲି ଗଲେଣି ହଠାତ୍
ଝଡ଼ି ବର୍ଷା ହେବା ଆଶଙ୍କାରେ।

ଚାକରଣୀ ଚାଲିଗଲା ପ୍ଲେଟ୍‌ଗ୍ଲାସ୍ ଇତ୍ୟାଦି ଉଠାଇ।
ବର୍ତ୍ତମାନ ସେ ହେବଣି ତା ଘର ପାଖରେ।

ଲୋକେ ଆସିଛନ୍ତି ଚାଲିଯାଇଛନ୍ତି ସବୁଦିନ ଲାଗି,
କେତେ ଫେରି ଆସିଛନ୍ତି ଚାଲିଯିବା ଲାଗି ପୁନର୍ବାର,
କେତେ ଜଣ ଛାଡ଼ିଗଲେ ତମ୍ବାପଟା, ଶିଳାଲିପି, ଫଟୋଗ୍ରାଫ୍ କିମ୍ବା ପ୍ରତିମୂର୍ତ୍ତି।
କି ଆଶ୍ଚର୍ଯ୍ୟ, ମହାନଦୀ ବୋହିଯାଏ ଯେପରି ତା କୂଳରେ ଦେଉଳ
ତୋଳିଥିବା ଲୋକଙ୍କର ନାଆଁ ଆଜି ମନେ ନାହିଁ ତାର।

ଭଗବାନ୍ ରକ୍ଷାକର ସେ ଅନାମଧେୟ ନିର୍ମାତାଙ୍କୁ।
ରାତିପକ୍ଷୀ ରଡ଼ିଛାଡ଼େ, ପ୍ରାର୍ଥନାର ପଛେ ପଛେ ମୋର
ତା ରଡ଼ି ଗୋଡ଼ାଇ ଯାଏ ନଈ ମୁହାଣକୁ,
ଏବଂ ସେହି ଶୂନ୍ୟତାରେ ଯେଉଁ ଠାରେ କିଛି ହେଲେ ନାହିଁ

ଦେହ ହୁଏ ସ୍ମୃତି, ସ୍ମୃତି ହୁଏ ନିଦ ବୁଢ଼ା ପହରାବାଲାର
ସ୍ୱପ୍ନ ରାଜବାଟୀ ହାରେ ଯାର ଦିବ୍ୟ ଅଗଣିତ ତୋରଣଙ୍କ ପରେ
ଅପନ୍ତରା ଠାଏ ଠାଏ ପୂର୍ଣ୍ଣ ଦିଶେ ସିଝୁବୁଦା ଖପରା ଗଦାରେ।

ଅନୁକମ୍ପା ମରିଥିବା ଲୋକଙ୍କ ନିମିତ୍ତ
ବା ଉତ୍ତରପୁରୁଷଙ୍କର ଲାଗି ଶୁଭେଚ୍ଛାରେ
ପାଗ ବଦଳିବ ନାହିଁ ଧଡ୍‌ଧାଡ୍ ଫିଟିଯିବ ନାହିଁ
ଜେଲ୍‌ଖାନା ଦର୍ଜ୍ଜା ଏ ଝଡ଼ରେ,
ଅଥବା ବର୍ଷାର ଥଣ୍ଡା ପାଣି ଛିଟିକାରେ
ଅର୍ଥଶୂନ୍ୟ ଭବିତବ୍ୟ ଉଠିବନି ପ୍ରକୃତିସ୍ଥ ହୋଇ।
ସେ କଳା ସ୍ୱେଟରପିନ୍ଧା ଲୋକ ଲାଗି ଏ ତରା ନ ଥିବା
ଆକାଶ ଦର୍ପଣ, ତା କଳା କାଚରେ
ମୁହଁ ଦେଖି ସେ ହୁଏତ ମୁଣ୍ଡ କୁଣ୍ଡେଇବ
ଦପ୍ ଦପ୍ ଇତସ୍ତତଃ ନୀଳ ଆଲୁଅରେ।

ସେ ତା ପୂରାହାତ କଳା ସ୍ୱେଟର୍‌ରେ ଦିଶେ
ଅତିକାୟ ଛାଇପରି, ପାହାଡ଼ଠୁଁ ଡେଙ୍ଗା ଏବଂ ରାସ୍ତାପରି ବିଲଠୁଁ ଚଉଡ଼ା।
ସେ ଠିଆ ହୋଇଛି ଝର୍କା ଚୌକାଠ ବାହାରେ
ଓ ଝର୍କା ଏପାଖେ ମୋର ଆଲୋକିତ କୋଠରୀ ଗହଳ
ତା ଅସଂଖ୍ୟ ପ୍ରାଚୀନ ଛାଇରେ।
ତା ଛାଇରେ ଭର୍ତ୍ତି କାନ୍ଥ ଆଲ୍‌ମିରା, ସୁଟ୍‌କେସ୍, ଟେବୁଲ୍‌ର ଖୋପ,
ଧୋବ କାନ୍ଥ ଉପରେ ତା ଛାଇ,
କେତେ ଛାଇ ଜଣାଯାନ୍ତି ଚିହ୍ନା ଚିହ୍ନା। ମାଟି ବାସ୍ନାପୂର୍ଣ୍ଣ ସଜହସ
ସବୁ ଛାଇମାନଙ୍କ ମୁହଁରେ।

ମାଟି ବାସ୍ନା ବନ୍ଦକରେ ନିଃଶ୍ୱାସପ୍ରଶ୍ୱାସ,
ହସ କିନ୍ତୁ ବଡ଼ ଚମତ୍କାର,
ଖିଲ୍ ଖିଲ୍ ହୋଇ ଶୁଭେ କୁଳୁକୁଳୁ ନଈପାଣି ପରି

ଚାପି ଦେଇ କେତେ କାନ୍ଦ କେତେ ଦୀର୍ଘଶ୍ୱାସ,
କୁକୁରଙ୍କ ଲମ୍ବା ବାହୁନା ଓ
ବିଲୁଆଙ୍କ କାନଫଟା ହୁକେ ହୋ ଚିତ୍କାର।

ମୋର କେତେ ଇଚ୍ଛା ହୁଏ ହସିବାକୁ ସେପରି ହସ ଓ
ଚାପି ଦେବା ଲାଗି କେତେ ଭୟଙ୍କର କୋଳାହଳ ଯାହା
ହେ ଈଶ୍ୱର ତମକୁ ଗୋଚର।

ପାରିଧି

ଏଇ ଭଲ, ଏଠି
ପଲ ପଲ ବାଘଙ୍କ ଗହଣେ
ସମୟର ଝାପ୍‌ସା ଅନ୍ଧକାରେ ।

ମୋହର କାମନା ନାହିଁ ଛାଇପରି କଳା ସୌନ୍ଦର୍ଯ୍ୟରେ
ସୁନ୍ଦରୀ ଓ ମୋ ସାମ୍ନାରେ ତର ତର ହୋଇ
ଦୌଡ଼ିବା ଝିଅଙ୍କ ପ୍ରତି । କାହିଁକି ବା କାମନା କରନ୍ତି ?
ଏଇ ଭଲ, ଝାପ୍‌ସା ଝାପ୍‌ସା ବୁଦାଙ୍କ ଫାଙ୍କରେ
ବାଘଙ୍କର ଲମ୍ବା ଏବଂ ହଳଦିଆ ଦେହ
(ସୂର୍ଯ୍ୟାସ୍ତ ଉତ୍ତାରେ ଏହି ଅରଣ୍ୟରେ ଶୁଦ୍ଧ ସୁବର୍ଣ୍ଣର
ଦୀପଙ୍କର ଥର ଥର ଅଳ୍ପାୟୁ ଆଲୁଅ) ।

ସେ ବହୁତ ଦିନ ତଳେ, ଯେତେବେଳେ ଓପରଓଳିର
ଉଜ୍ଜ୍ୱଳ ଓ କେତେଖଣ୍ଡ, କମଳା ରଙ୍ଗର
ମେଘଙ୍କ ବ୍ୟତୀତ ସଫା ଆକାଶର ତଳେ ମୁଁ ଭେଟିଲି
ତମର ଅନୁପସ୍ଥିତି । ଚେକା ଚେକା କଳାରକ୍ତ ଭଲ
ଅରୁଆ ଚାଉଳ ପରି ବାସୁଥିଲା । ଆକ୍ଷି କୋରଡ଼ରେ
ଲୁହ ନ ଥିଲା ଓ ଥିଲା କେତେଖଣ୍ଡ, କୁଆପଥର ଯା
ରହିଗଲେ ସ୍ମୃତିଙ୍କର ଅଦିନିଆ ଝଡ଼ବର୍ଷା ପରେ ।

ସେ ବହୁତ ଦିନ ତଳେ। ଆଜି ମୋ ଭିତରେ
ଅନ୍ଧାର ପ୍ରସରି ଯାଏ। ଅନ୍ତର୍ହିତ ହୁଅନ୍ତି ହଠାତ୍
ଗଇପରି ଝିଅମାନେ, ପଲ ପଲ ଭୀତତ୍ରସ୍ତ ବାଘ।
କ୍ରମେ କ୍ରମେ କଳାପଡ଼େ ସାବ୍‌ଜା ଧାନ କ୍ଷେତ।
କାହା ହାତ ପୋଛିଦିଏ ଟେଲିଗ୍ରାଫ୍ ତାରଙ୍କ ଉପରେ
ଧାଡ଼ି ଧାଡ଼ି ଶୁଆଙ୍କୁ। ମୋ ନାଭିକମଳ ତଳେ

କେଉଁଠାରେ କେଉଁ ଏକ ଅଦୃଶ୍ୟ ନାଡ଼ୀରେ
ମୋ ଦେହରୁ ଶୋଷିହୁଏ ସବୁ ବାୟୁ ଏବଂ ଏକ ଦ୍ୱିତୀୟ ନାଡ଼ୀରେ
ଉଜ୍ଜ୍ୱଳ ଓ ଅପାର୍ଥିବ ଆଲୁଅରେ ମୋର ଅଭ୍ୟନ୍ତର
ପୂର୍ଣ୍ଣ ହୁଏ। ଏଇ ଭଲ। ମୁଁ ସତେ କି ପବିତ୍ର ମନ୍ଦିର।

ସେତେବେଳେ ଏକ ଦୂର ବିସ୍ମୃତ ଦେଶରେ
ହାଇ ମାରୁଥିବ ମୋର ଦିକ୍‌ଦାର ଦିଅଁଙ୍କ ପ୍ରତିମା
ଓ ତା'ପରେ, ବିରକ୍ତିରେ, ଭୟଙ୍କର ବଜ୍ରପାତଦ୍ୱାରା
ଆପଣାକୁ ଭାଙ୍ଗିଦେବ, କେତେଖଣ୍ଡ କମଳା ରଙ୍ଗର
ମେଘ ଲିଭି ଯାଉଥିବେ କ୍ରମେ କ୍ରମେ କଳା ଆକାଶରେ।

ରାଣୀ

ହଠାତ୍ ଆସିଲା ଝଡ଼ ହସହସ ଶାଗୁଣାଙ୍କୁ ଦ୍ରୁତ
ଓ ଆକାଶକୁ ଛୁଉଁଥିବା ଧୂଳିସ୍ତମ୍ଭ ଉପରେ ବସାଇ
କୋଇଲିକୁ ସ୍ତବ୍ଧ କରି ଡାଳ ଭାଙ୍ଗି ସଜନା ଗଛରୁ
ଧୂଳିମିଶା ପବନରେ ହାଟପଦା ନିକାଞ୍ଚନ କରି
ଘଡ଼ଘଡ଼ି ପରି ହସି ବିଦ୍ୟୁତ୍ ପରି ଭ୍ରୂଲତା ନଚାଇ
ହଠାତ୍ ଆସିଲା ଝଡ଼ କଳାମେଘ ଢାଙ୍କି ହୋଇ କରି।
କାହିଁକି ଆସିଲା ଝଡ଼ ଅବେଳରେ ରାତି କରି ଦେଇ ?

ଶୁଖିଲା ସମୁଦ୍ର ପରି ବଡ଼ ଏବଂ ଖାଲି ଖାଲି ଦିଶେ
କପାଳେ ପାଉଁଶ ବୋଳି ନୀଳବର୍ଣ୍ଣ ହାତେ ଓଷଦର
ଖାଲି ଶିଶି ଧରି ଦୂର କରି କାହା ଲିଆ କଉଡ଼ିର
ଭଣ୍ଡାର ଆସିଲା ଝଡ଼ ଓଦାକରି ଅଦିନ ବର୍ଷାରେ
ଉହଳ ବିକଳ ଦେହ ବାଟଘାଟ ଶୂନ୍‌ଶାନ୍ କରି।
ତା'ପରେ ନିର୍ଜ୍ଜନ ନଈକୂଳେ ଏକ ନିକଟ ସୂର୍ଯ୍ୟର
ଆଲିଙ୍ଗନେ ସବୁ ସ୍ମୃତି ଓ ସମ୍ବନ୍ଧ ଦଗ୍ଧ କରି ସାରି
ସେ କହିଲା ଦେଖ ଦେଖ ଏ ମଧ୍ୟାହ୍ନ କେଡ଼େ ମନୋହର।

ନଈ ବୋହି ଯାଉଥିଲା ଚକ୍ ଚକ୍ ପାଣିରେ ଭସାଇ
ଅସଂଖ୍ୟ ଶୁଖିଲା ପତ୍ର ଏବଂ ତା'ର ନିଶ୍ଚଳ ଓଠରେ
ମୋର ଦୋଦୋପାଞ୍ଚ ଚୁମା ପରବର୍ତ୍ତୀ ହସ ଲାଖିଥିଲା।

ଦିନବେଳେ ଥିଲା କିନ୍ତୁ ବାଟ ଘାଟ ଦିଶୁ ନ ଥିଲା ଓ
କେବଳ ଅରଣ୍ୟ ଥିଲା ଓ କଦମ୍ବ ଗଛ କୁଞ୍ଜବନ।
ମୁଁ ମଧ୍ୟ ନଥିଲି। ଶୀର୍ ଶୀର୍ ହାୱା ଆମ୍ବପତ୍ରଙ୍କ ଭିତରେ
ବୋହୁଥିଲା, ସମ୍ଭବତଃ ତାହା ମୋର ଅନନ୍ତ ଯୌବନ
ନୀଳବର୍ଣ୍ଣ ଓ ଆଜିଠୁଁ ଧୀରସ୍ଥିର ରଜାଙ୍କ ଇଚ୍ଛାରେ।

ଅତିଥି ସତ୍କାର

ସେ ଏଠାକୁ କାଲି ଆସିଥିଲା । ଏବଠୁଁ ଚବିଶ
ଘଣ୍ଟା ପୂର୍ବେ ସେ ଏଠାକୁ ଆସିଥିଲା । ଝିପିଝିପି ବର୍ଷା
ହେଉଥିଲା, ଓ ପୃଥିବୀ ଥରୁଥିଲା ପାଣି କାକରରେ
ଯେପର ଚମକି ପଡ଼େ ବେଳେ ବେଳେ ବଳଦ, ତା'ପରେ
ପଛଗୋଡ଼େ ଲାଞ୍ଜପିଟେ । ରେଳଗାଡ଼ି ଓ ବସ୍‌ର ବେଳ
ଗଡ଼ି ଯାଇଥିଲା, ଅଥଚ ସେ ଏଠାକୁ ଆସିଲା
କେଜାଣେ କି ଭିନ୍ନ ବାହନରେ ।

ସେ ଆସିବା ସାଙ୍ଗେ ସାଙ୍ଗେ ବାରଣ୍ଡାରୁ ଉଡ଼ିଗଲେ ସବୁ
ଆଶ୍ରିତ ଘରଚଟିଆ ବର୍ଷା ସତ୍ତ୍ୱେ ପଦାକୁ । ହଠାତ୍
ଗଛମାନେ ଦେଖାଗଲେ ବିମର୍ଷ, ଆକାଶ ଦିଶିଲା
ମଲାମୂଷା ପେଟପରି କିନ୍ତୁ
ସେତେବେଳେ ରାସ୍ତା ଖୁବ୍ ଲୋକାରଣ୍ୟ ଥିଲା ।

ସେମାନେ ହୁଏତ ତାକୁ ଦେଖି ନ ଥିଲେ ବା
ଦେଖିକରି ଆଚମ୍ବିତ ହେଲେନାହିଁ । ବର୍ଷା ଆସୁଥିଲା ।
ରାତି ହୋଇ ଆସୁଥିଲା । ଦୋକାନ ବଜାର ବନ୍ଦ ହେବା ବେଳ ହେଲା ।
ତର ତର ହୋଇ ଲୋକେ ଚାଲୁଥିଲେ କଳ୍ପନା କରି ଯେ
ତାଙ୍କ ବାଟ ଚାହିଁକରି ବସିଥିବେ ତାଙ୍କ ଛୁଆପିଲା ।

ଛାଇମାନେ ଛାଇଙ୍କର ବାଟ ଚାହିଁଥିଲେ
ଚୁଲିର ନିଆଁରେ ଅଳ୍ପ ଆଲୋକିତ ଗୁମ୍ଫାରେ, ଚୌଦିଗେ
ଅନ୍ଧାର ଜଙ୍ଗଲ ବହୁ ପୂର୍ବକାଳେ ଯେଉଁଠାରେ ଥିଲା
ସହରର ଭିଡ଼ରାସ୍ତା ଦୁଇପାଖେ ଦୋକାନ ବଜାର।
ବଣର ଅଦୃଶ୍ୟ କୋଣେ ପ୍ରତିଧ୍ୱନି ଶୁଣାଯାଉଥିଲା
ଏକୁଟିଆ ସ୍ତ୍ରୀଲୋକର ଝୁରି କାନ୍ଦିବାର।
ଡ୍ରାମା ଦେଖି ତରତର ହୋଇ ଫେରିଆସୁଥିବା ମାନ୍ୟଗଣ୍ୟ ଲୋକେ
(ବର୍ଷାହେଉଥିଲା, କଳା ମଚ୍ ମଚ୍ ଗଛମାନଙ୍କ ପତ୍ରରୁ
ବର୍ଷାପାଣି ପଡୁଥିଲା ଟପ୍ ଟାପ୍ ହୋଇ)
ପରସ୍ପରେ କହୁଥିଲେ ଖୁବ୍ ମଜା ହେଲା,
ନାୟକ ନିହତ ହେଲା। କିଟି କିଟି ଅନ୍ଧାରରେ ତା'ର
ଶବକୁ ଜଗିଛି ଜଣେ ଏକୁଟିଆ ସ୍ତ୍ରୀଲୋକ ଓ ବର୍ଷା ହେଉଥିଲା
ଟପ୍ ଟାପ୍ ପଡୁଥିଲା ପାଣି କଳା ମଚ୍ ମଚ୍ ଗଛଙ୍କ ପତ୍ରରୁ।

ରାତି ସାରା ଲାଗୁଥିବ ଛଟପଟ, ଅସହ୍ୟ କାକର।
ହୁଏତ ପ୍ରଥମ ରାତି ଅନେକ ରାତିଙ୍କ
ଅବିଚ୍ଛିନ୍ନ କ୍ରମିକରେ, ପ୍ରତିରାତି ପୂର୍ବରାତିଠାରୁ
ବେଶୀ ଥଣ୍ଡା, ବେଶୀ କଷ୍ଟକର।
ରକ୍ତର ଉଷୁମ ବାସ୍ନା ପରେ ସଢ଼ା ଦୁର୍ଗନ୍ଧ ଓ ଏକ
ଖୋଲୁଆଡ଼ ଦେହ ପରେ ଭୟଙ୍କର କଙ୍କାଳ, ତା'ପରେ
ଖାଲି ସ୍ମୃତି, ବେଶୀ ଭୟଙ୍କର।
ପ୍ରତିଦିନ ଲାଗୁଥିଲା ପୃଥକ୍, ପ୍ରତିଦିନ ବ୍ୟାରୋମିଟର୍‌ରେ
ପୃଥକ୍ ସର୍ବୋଚ୍ଚ ତାପ। କେଉଁଦିନ ନଈକୂଳେ ଫୁଲ ଫୁଟୁଥିବା
ଗଛ ଗଦାଗଦା ଫୁଲ ଅଜାଡୁଥିଲେ ତ
କେଉଁ ଦିନ କିଛିନାହିଁ। ପ୍ରତ୍ୟେକ ରାତିରେ
ଏକୁଟିଆ ସ୍ତ୍ରୀଲୋକଟି ଗାଉଥିଲା ନୂଆ ନୂଆ ଗୀତ।
କିନ୍ତୁ ସର୍ବସାଧାରଣଙ୍କର ନିଦ ଭାଙ୍ଗୁଥିବା ଅପରାଧେ
ମାନ୍ୟଗଣ୍ୟ ଲୋକଙ୍କର ସାକ୍ଷ୍ୟର ଭିତ୍ତିରେ

ତାହାର ନିଧନ ପରେ ଜଣାଗଲା ପ୍ରତିଦିନ ଅନ୍ୟ ଦିନପରି।
ହୁଏତ ସେ ସବୁଦିନ ବାସ୍ତବିକ ଗୋଟିଏ ଦିନ ଓ
କାନ୍ଦଣା ନ ଥିଲା ଆଉ ଦ୍ୱିତୀୟ ଦିନରେ।

ମୁଁ କାହିଁକି କହୁଅଛି ତୁଚ୍ଛାଟାରେ ପୁରୁଣା କାହାଣୀ ?
କାଲି ଯାହା ହେଲା ତା'କୁ ସରଳ ପଦ୍ୟରେ
କହିବା ମୋ କାମ। ବହୁ ପୂର୍ବେ ଘଟିଥିବା କଥା
ଏଠାରେ ଆଲୋଚ୍ୟ ନୁହେଁ। କାଲି ଖୁବ୍ ବର୍ଷା ହେଉଥିଲା,
ବାରମ୍ବାର ଘଡ଼ିଘଡ଼ି ହେଉଥିଲା, ଓ ବିଜୁଳି ନୂଆ ମାଠିଆରେ
ଲମ୍ବା ଫଟା ଦାଗପରି ଆକାଶରେ ବୁଲୁଥିଲା, ରାସ୍ତା
ଅନ୍ଧାର ଓ ଶୂନ୍‌ଶାନ୍ ଥିଲା ସେ ମୋ ବାରଣ୍ଡାକୁ
ଉଠିବା ସମୟେ, ଏଡ଼େ ଅନ୍ଧାର ଯେ
ଏ ସହର ନୁହେଁ ବଣ ବୋଲି ନୂଆ ଲୋକ ଭାବିପାରେ।

ସେ ଏଠାରେ ବେଶ୍ କିଛି ବେଳ ଥିଲା, କିନ୍ତୁ ବର୍ତ୍ତମାନ
ଜଣାପଡ଼େ ସେ ଏଠାରେ ଥିଲା ଆକ୍ଷି ପିଛୁଳାକ ଲାଗି ଓ ତା'ପରେ
ଯିବାକୁ ପ୍ରସ୍ତୁତ ହେଲା ପୁନଶ୍ଚ ଅନ୍ଧାରେ।

ମୁଁ ତା'ପରେ ଡାକି ନେଲି ମୋ ପୁଅକୁ ପଛ ବାରଣ୍ଡାକୁ।
ବର୍ଷା ବଢ଼ି ଯାଇଥିଲା। ମୁଁ ଧରିଲି ତ ଡାହାଣ ହାତ
ମୋ ବାଁ ହାତରେ ଓ ଡାହାଣ ହାତରେ
ଆଉଁଶିଲି ତା ମୁଣ୍ଡର କୋମଳ ବ୍ୟାଣ୍ଡେଜ୍
କିଟି କିଟି ଅନ୍ଧାରରେ ଚକ୍ ଚକ୍ ଚନ୍ଦ୍ର ଆଲୁଅରେ
ଯେତେବେଳେ ଚାରିଆଡ଼ ଝଲସୁଥିଲା ଉଜ୍ଜ୍ୱଳ ଖରାରେ।

ତା ଉତ୍ତାରେ ମୋ ପୁଅକୁ ପଠାଇଲି ତା ସହିତ, ତାକୁ
ବାଟ ଦେଖାଇବା ଲାଗି ଏଠାରୁ ସେ ଯିବ ଯେଉଁଠାକୁ।

କେତେବେଳୁଁ ସେ ଗଲାଣି ଏ ପର୍ଯ୍ୟନ୍ତ ଫେରିନି ଘରକୁ।

ନିଜଲୋକ

ଭୂମିରେ ଖୋଜିଲି ମୋର ଛାଇ, ଭୂମି ଆଉ ଦେଖାଗଲା ନାହିଁ।
ଖରାବେଳେ ଚକ୍ ଚକ୍ କରୁଥିବା ପ୍ରସ୍ତ ପ୍ରସ୍ତ ମେଘ
ମାନଙ୍କ ଉପରେ ଛାଇ ଅନ୍ୟ କ୍ଷିପ୍ର ମେଘମାନଙ୍କର।
ନଡ଼ିଆ ଗଛଙ୍କ ନେଳୀ କଳାମିଶା ତୋଟାଙ୍କ ଭିତରେ
ଛୋଟିଆ ପୋଖରୀ କେତେ ମାଟିଆ ପାଣିର।
ସମୁଦ୍ରର ଢେଉମାନେ ଛୋଟ ଧଳା ହୁଲି ଡଙ୍ଗା ପରି
କୂଳକୁ ଆସନ୍ତି, ମୋର ଛାଇ ଦିଶେ ନାହିଁ କେଉଁଠି ଓ ମୋର
ଆଖିରେ ଆଖିଏ ଲୁହ।

ମୁଁ ଦେଖିଲି ସମୁଦ୍ର, ପୋଖରୀ,
ନଡ଼ିଆ ଗଛଙ୍କ ତୋଟା ପିଲାଦିନୁଁ ସବୁ ଜଣାଶୁଣା,
ସତେକି ହଠାତ୍ ତମେ ଠିଆହେଲ ଦର୍ପଣ ସାମ୍ନାରେ
ଓ ଦେଖିଲ ଖାଲି ପଛ କାନ୍ଥ ଦିଶେ ଦର୍ପଣ ଭିତରେ।
ତା'ପରେ ଚାହିଁଲ ତମେ ଘୁଞ୍ଚି, ବେକଭାଙ୍ଗି ଓ ନିଠେଇ,
ବିଛଣାର ଅଧେ ଦିଶେ, ଲୋଚାକୋଚା ଚାଦର ଦିଶୁଛି।

ସତେକି ହଠାତ୍ ବର୍ଷା ଅସରାଏ ହେଲା କାଲି ରାତି
ଅନ୍ଧାରରେ, ହୁଏତ ଝିଙ୍କାରୀ ଉଠି ହ୍ୱିସିଲ୍ ମାରିଛି,
ହୁଏତ ବର୍ଷାରେ ତାଙ୍କ ଦପ୍ ଦପ୍ ଦେହକୁ ତିନ୍ତାଇ
ଉଡ଼ିବୁଲୁଥିଲେ, ଜୁଳୁଜୁଳିଆ ପୋକ ଓ

ହୁଏତ ପବନ କୁତୁ କୁତୁ କଲା ଶୋଇଲା ପତ୍ରଙ୍କୁ,
କିଏ ଜାଣେ। ସକାଳକୁ ବର୍ଷା ନାହିଁ, ହାଓ୍ୱା ମଧ୍ୟ ନାହିଁ।
କାନ୍ଦୁଥିବା ସ୍ତ୍ରୀଲୋକଠୁଁ ଫେରିଲେଣି କ୍ଳାନ୍ତ ଲୋକମାନେ।
ସମସ୍ତେ ମୋ ଜଣାଶୁଣା। କେତେକଙ୍କ ସାଙ୍ଗେ ପିଲାଦିନେ
ଖେଳିଥିଲି, ବାକୀ କେତେ ମାଆମାନଙ୍କର
କାନିଧରି ଚାଲୁଥିଲେ ମୁଁ ସ୍କୁଲରେ ପଢୁଥିବା ବେଳେ।
ଆଜି ତାଙ୍କ ସ୍ମୃତିଶକ୍ତି, ଦୃଷ୍ଟିଶକ୍ତି ବା ଶ୍ରବଣଶକ୍ତି
କିଛିନାହିଁ-କିମ୍ବା ଅଛି ଅଥଚ ସେମାନେ
ଉଦାସୀନ, ସୂର୍ଯ୍ୟପରି; କାଲିରାତି ଅନ୍ୟ ରାତି ଠାରୁ
ପୃଥକ୍ ପୃଥକ୍। କାଲି ବର୍ଷା ହେଲା ହଠାତ୍ ରାତିରେ।

ଆଉ କିଛି ବେଳ ଏହିଠାରେ
ରହିଯାଅ (ଶୁଣିକରି ନ ଶୁଣିଲା ପରି) ବନ୍ଧୁଗଣ!
ବର୍ତ୍ତମାନ ସନ୍ଧ୍ୟାହେବ, ସମୁଦ୍ରର ସେ ପାଖୁଁ ଦୁଇଟି
କଳାହାତ ଟାଣି ନେବ ଝଲମଲ୍ ଗୁଡ଼ି ପରି ଏହି
ସୂର୍ଯ୍ୟକୁ, ତା'ପରେ ଅନ୍ଧାର ଆର୍ଦ୍ର କାଉଁରୀ କାଠିରେ
ଛୁଇଁବ ଏ ପଡ଼ିଆକୁ, ତାହା ହେବ ହଠାତ୍ ବର୍ଷାର
ସ୍ୱପ୍ନ, ଓ ଝିଙ୍କାରୀ ଉଠି ହ୍ୱିସିଲ୍ ମାରିବ,
ପତ୍ର ଶୀର୍ ଶୀର୍ ହେବ, ସ୍ତ୍ରୀଲୋକଟି ଗୁରୁଜନଙ୍କର
ପାଦଧୂଳି ନେବ ଟାଣି ଲାଲ୍‌ଧଡ଼ି ପଣତ ମୁଣ୍ଡରେ।

ସ୍ୱପ୍ନ-ତାହାର ମିଆଦ୍ କାଲି ସୂର୍ଯ୍ୟୋଦୟ ଯାଏ।
ତା'ପରେ ଉଇଁବ ସୂର୍ଯ୍ୟ, ସମୁଦ୍ର, ପୋଖରୀ ଏବଂ ନଡ଼ିଆ ତୋଟାକୁ
ଆଲୋକିତ କରି ଓ ଶୁଖାଇ ଇତସ୍ତତଃ ମୁର୍ଦ୍ଦାରଙ୍କ କପାଳ ଉପରେ
ପଡ଼ିଥିବା ଅବଶିଷ୍ଟ କେତେ ବୁନ୍ଦା ବର୍ଷାର ପାଣିକୁ।

ସନ୍ଧ୍ୟାବେଳର ଦୃଶ୍ୟ

୧

ନିଛାଟିଆ ସଡ଼କର ଦୁଇପାଖେ ଗଛମାନ ପ୍ରାୟ
ଚାନ୍ଦୁଆ ଟାଙ୍ଗନ୍ତି। ଦୋଦୋପାଞ୍ଚ କୁହୁଡ଼ି ସାଙ୍ଗରେ
ଅନ୍ଧାର ଗୋଳେଇ ହୋଇ ପୋଛିଲାଣି ଗଛଙ୍କ ଦେହରୁ
ଅବଶିଷ୍ଟ ସୂର୍ଯ୍ୟାଲୋକ। ଚିରା କୁର୍ତ୍ତା ପିନ୍ଧି ବହୁ ଦୂରେ
ଛୋଟ ଛୋଟ ଢେଉପରି ଦୌଡ଼ି ଆସୁଥିଲେ କେତେ ଜଣ
ବେଦମ୍ ଛୁଆ, ସେ କିନ୍ତୁ ସାଇକେଲ୍ ଚଢ଼ି ଆସୁ ଆସୁ
ହଠାତ୍ ଉଭେଇ ଗଲା ନିଷ୍ଠୁର ଗପରେ।

ମଲା ସାଇକେଲ୍ ଭାସେ ସୀସା ସମୁଦ୍ରରେ।
ଚଢ଼ାଳିକୁ ଖିନ୍‌ଭିନ୍ କରେ ଏକ ରକ୍ଷସୀ ଯାହାର
ପଟା କାଗଜର ତୀକ୍ଷ୍ଣ ସ୍ତନାଗ୍ରରେ ରକ୍ତର ଛିଟିକା।
ତା'ର ତମ୍ବାବର୍ଣ୍ଣ ବାଳ ଦୂର ଇଟାରଙ୍ଗର କୋଠାରେ
ଜଳୁଥିବା ବିଦ୍ୟୁତ୍‌ର ଆଲୁଅରେ ଚକ୍ ଚକ୍ କରେ
ଏବଂ ଇତସ୍ତତଃ ଉଡ଼େ ଚଢ଼ାଳିର ଦୀର୍ଘଶ୍ୱାସରେ।

ବହୁ ଦୂରେ, ଦିକ୍‌ଦାର ବିରକ୍ତି ଫଳରେ
ରାକ୍ଷସୀ ସନ୍ତ୍ରସ୍ତ ହୋଇ ଚଢ଼େ ଗଛ ଉପର ଶୂନ୍ୟକୁ
ମୁର୍ଦ୍ଦାର ଓ ମୁର୍ଦ୍ଦାରର ସାଇକେଲ୍ ପରିତ୍ୟାଗ କରି।

ନିଛାଟିଆ ସଡ଼କର ଦୁଇପାଖେ ଗଛମାନେ ପ୍ରାୟ
ଚାନ୍ଦୁଆ ଟାଙ୍ଗନ୍ତି, ଉଠି ପଡ଼ି ସେ ପ୍ୟାଡ଼େଲ୍ ମାରେ
ଓ ପହଞ୍ଚେ ମୁର୍ଦ୍ଦାରଙ୍କ ମେଳଣରେ, ହଳଦିଆ ମୁହଁମାନଙ୍କରେ
ହସ ହସ ସ୍ୱାଗତର ପ୍ରତିବିମ୍ବ, ତାଙ୍କ ଧୋବ ଓ ନିଶ୍ଚଳ ଆଖି
ଉଜ୍ଜ୍ୱଳ ଦର୍ପଣ ପରି ହାସ୍ୟାସ୍ପଦ ଦେବଦୂତ ଜଣେ
ବୃଥାରେ ମହମବତି ଜାଳିଥିବା ବୈଠକ ଖାନାରେ।

୨

ଆଖି ନପାଇବା ଯାଏଁ ବ୍ୟାପିଥିବା କଳା ସମୁଦ୍ରରେ
ନିଶ୍ଚଳ ଓ କଳା ଡଙ୍ଗା ପରି
କଳା କଳା ଗଛ ତଳେ ଯାଉଛନ୍ତି ପାଞ୍ଚଜଣ ପିଲା
ବହି ଧରି, ଦିଜଣଙ୍କ ହାତରେ ଲଣ୍ଠନ।
ପାଞ୍ଚ ଜଣ ପିଲା ଗଲେ, ପାଞ୍ଚ ସ୍ୱପ୍ନ ମାଛ ପହଁରିଲେ
ଦିଜଣଙ୍କ ଆଲୁଅରେ ଝଲ୍ ମଲ୍ ପାଣିର ରାସ୍ତାରେ।

ଭୁଲି ହୋଇ ଯାଇଥିବା ଦିନଙ୍କର ପ୍ରବଳ ଶୀତରେ
ଥୁରୁ ଥୁରୁ ରାକ୍ଷସର କାକର ନିଃଶ୍ୱାସ
ତା'ର ପ୍ରତିକୃତି ଆଙ୍କେ ଆକାଶର ବିରାଟ ସ୍ଲେଟ୍‌ରେ
ତାରାଙ୍କୁ ଲିଭାଇ ଦେଇ। ଫୁଲଙ୍କ ସୁବାସ

ଅବରୁଦ୍ଧ, ବକ୍ତବ୍ୟ ରହିଲା ପରି ଭୂମିକା ନ ପାଇ।
ରାଜଜେମା ଅଣ୍ଟାଳନ୍ତି ରୁନ୍ଧିହୋଇ ଅନ୍ଧାର ଭିତରେ
ନିଖୋଜ ନକଲି ଦାନ୍ତ ଉପଯୁକ୍ତ ଦରହାସ ପାଇଁ
ପାଞ୍ଚଜଣ ଦୂରାଗତ ପ୍ରେମପ୍ରାର୍ଥୀମାନଙ୍କ ସାମ୍ନାରେ।

ପାଞ୍ଚ ମଲା ଭାଇଙ୍କର ଛାଇଗଲେ ଘୁଷୁରୁ ଘୁଷୁରି
ଜନଶୂନ୍ୟ ସଫେଦ୍ ରାସ୍ତାରେ
ଆକାଶରେ ଲାଖିଥିଲେ କିଛି ବେଳ ଭଙ୍ଗା ଓ ଧୂସର

ଘଟଣାଙ୍କ ସ୍ମୃତି ଏବଂ କାନ୍ଦ ଦୁଧ ଅଳତା ରଙ୍ଗର
ଉଡ଼ନ୍ତା ବାଦୁଡ଼ିଙ୍କର ଛାଇ ପରି ବଗିଚାରେ ଜହ୍ନ ଆଲୁଅରେ।
ତା'ପରେ ନିଶ୍ଚିହ୍ନ ହେଲେ ଲାଜ ଲାଜ ଦ୍ୱିଧା
ପରି ସ୍ୱପ୍ନ ପ୍ରେମିକାର ପାଟଳ ଗାଲରେ।

ପାଞ୍ଚଜଣ ଛାଇ ଗଲେ କେଉଁଠାକୁ ନିର୍ଜନ ରାସ୍ତାରେ ?
ରକ୍ତସ୍ନାନ ପାଦ, ଚିରା ଘୋଡ଼ିହେଲା ଭିତରୁ ଦିଶୁଛି
ଖଣ୍ଡିଆଖାବରା ଦେହ। ପ୍ରତି ଋତୁ ଭଙ୍ଗାହାଣ୍ଡି, ପ୍ରତି
ବର୍ଷ ଚିରା ଅଖା ଯାକୁ ଗୋଡ଼ ପଥରରେ
ଭର୍ତ୍ତି କରୁଛନ୍ତି ଏକ ପରିତ୍ୟକ୍ତ ପାଗଳ ଖାନାର
ସ୍ତ୍ରୀ ଲୋକେ ଶତାବ୍ଦୀଙ୍କର ଅନନ୍ତ ସନ୍ଧ୍ୟାରେ।

ମିଳିଛି ନକଲି ଦାନ୍ତ, କିନ୍ତୁ କେଉଁଠାକୁ
ପାଞ୍ଚଜଣ ପ୍ରେମ ପ୍ରାର୍ଥୀ ଗଲେ ?
ପାଞ୍ଚ ସ୍ୱପ୍ନ ମାଛ କଳା ସମୁଦ୍ରରୁ ଅନ୍ଧାର ରାତିରେ
ହାଓ୍ୟାକୁ ଡେଇଁଲେ, ଦିଜଣଙ୍କ ଆଲୁଅରେ ଚକ୍ ଚକ୍ ହେଲେ
ଓ ପୁନଶ୍ଚ ଲେଉଟିଲେ କଳା କଳା ପାଣି ଭିତରକୁ।

୩

ସେମାନେ ଫେରିବା ବେଳେ ତାଙ୍କ ହାତେ ପତାକା ନ ଥିଲା।
କ୍ଷଣସ୍ଥାୟୀ ସୂର୍ଯ୍ୟାଲୋକ ଯେଉଁଥିରେ ବିତିଗଲା ନିର୍ମ୍ମଳ ନିଆଁର
ପ୍ରଶସ୍ତ ଜୀବନ ଗଲା ଆକାଶକୁ ରଙ୍ଗ କରି ସାରି
ନିଜର ବିଭିନ୍ନ ବର୍ଣ୍ଣ ଯନ୍ତ୍ରଣାରେ। ଚିତ୍ତଚୋରା ଶବ୍ଦମାନଙ୍କର
ଆଲୁଆନ୍ ଆଉ ନାହିଁ, ସୁତରାଂ ରକ୍ତ ଜର୍ଜ୍ଜରିତ
ଦେହ ଦିଶେ, ଏବଂ ସାବ୍‌ଜା ମୈଦାନ୍‌ର ସ୍ମୃତିରେ ଥରନ୍ତି
କେତେ ପ୍ରତିବାଦ କେତେ ଜୟଜୟକାର।

ତାଙ୍କର ଉଡ଼ନ୍ତା ଦେହ ଫେରୁଥିବା ବେଳେ
ଖରା ଛନ୍ ଛନ୍ ଶବ୍ଦମାନଙ୍କର ଉଷ୍ଣୁମ ଦ୍ୱୀପରୁ

ଚିରକାଳ ଉଡ଼ି ଉଡ଼ି ଦେଖିବାକୁ ନୀଳ ସଙ୍ଗୀତର
ନିଶ୍ଚିହ୍ନ ଦିଗନ୍ତ ଆଙ୍କା ହେବାର ଆଗରୁ

ଗୋଛାଏ ଶୁଖିଲା ଲାଲ୍ କଇଁଫୁଲଙ୍କର
ବାସ୍ନାରେ ଓହ୍ଲାଇଗଲେ ସେମାନେ ରାସ୍ତାରେ।
ରାସ୍ତା ଭିଜି ଯାଉଥିଲା କପୋଳକଳ୍ପିତ
ସାନ୍ତ୍ୱନାରେ ପୂର୍ଣ୍ଣ ଏକ ଧୂସର ଡିହରେ
ରଡୁଥିବା ବିଧବାଙ୍କ ପରି ଚୂନ ପଲସ୍ତରା ଛାଡ଼ିଯାଇ ଥିବା
ବହୁ ଦୂର ଘରଙ୍କର ନିଃଶବ୍ଦ ଲୁହରେ।

୪

ଯେତେ ଯେତେ ଗଛ ଡେଇଁ ସେ ଚାଲିଲା ସବୁରି ଦେହରୁ
ଝଡ଼ିଲା କୋଇଲା ଗୁଣ୍ଡ ଚୂନା ଚୂନା ଅପରାହ୍ଣଙ୍କର।
ପଛେ ପଛେ ଚାଲୁଥିବା ଠୋଲା ପେଟ କାଠ ପରି ସରୁ ହାତ ଗୋଡ଼
ଲଙ୍ଗଳା ଓ ଥରୁ ଥରୁ ଛୁଆପାଇଁ ସୁବାସିତ ଆଶୀର୍ବାଦଙ୍କର
ବାସ୍ନାରେ ମହକୁଥିବା ବାଘଶୂନ୍ୟ ସୁବର୍ଣ୍ଣ ବଣରୁ
ଆସିଥିବା କାଠବୋଝ। କୁହୁଡ଼ି ଚାଲିଲା ଫୁଲି ମାଆ ଓ ଛୁଆଙ୍କ
ଲୁହଓଦା ଶୂନ୍ୟତାର ଅନୁକରଣରେ
ଓ ପବନ ସେ ନ ଗାଇଥିବା ଗୀତ ଗାଇବାକୁ ଚେଷ୍ଟାକରି ଖାଲି
ଶୀର ଶୀର ଶୁଭୁଥିଲା ପତ୍ରଙ୍କ ଭିତରେ।
ସେ ଚାଲିଲା ମୃତ୍ୟୁହୀନ ପରିତ୍ୟାଗ ମାନେ
ଧାଡ଼ି ଧାଡ଼ି ସୈନ୍ୟ ପରି ଠିଆ ହୋଇଥିଲେ ଯେଉଁଠାରେ
ସ୍ୱାଗତ କରିବା ଲାଗି ସାମ୍ରାଜ୍ଞୀ ଓ ତାଙ୍କର ଛୁଆକୁ
ଭାସନ୍ତା ଧୂସର ରଙ୍ଗ ଧୀର ପାହୁଣ୍ଡରେ।

ଗୋଟାପଣେ ସାମ୍ରାଜ୍ଞୀ ସେ, ସେ କିପରି ବୁଝନ୍ତା ଯେ ତା'ର
କାଠ ବୋଝ ଚିରାଲୁଗା ଓ ଲଙ୍ଗଳା ଛୁଆ ଅପ୍ରତିଭ
କରିଦେବ ସମ୍ରାଟଙ୍କୁ? ରାସ୍ତାକୋଣେ ଚୁପ୍ ଚାପ୍ ଠିଆ

ହୋଇ ଦେହ ଢାଙ୍କି ଜରିକାମ କରା ଅନନ୍ତ ଶାଲରେ
ସେ ପ୍ରଶଂସା କରୁଥିଲେ ତା'ର ଅନିର୍ବାର୍ଯ୍ୟ ଯୌବନର

ସେ ଯେବେ ବିତାଉଥିଲା ବର୍ଷ ବର୍ଷ ଭୋଲିକା ସନ୍ଧ୍ୟାରେ
ଆଉଁସି କୋଚଟ କଳା ଦୁର୍ବଳ ଛୁଆକୁ
ନ ବୁଝିପାରି ସେ ଚିରସ୍ଥାୟୀ କ୍ୟାଲେଣ୍ଡର୍
ଠିଆ ହୋଇଥିଲେ ସ୍ୱୟଂ ସମ୍ରାଟ୍ ଯା ନିର୍ଦ୍ଦେଶାନୁସାରେ
ସେମାନଙ୍କ ଅସମ୍ଭବ ମିଳନ ନିମିତ୍ତ,
ପିନ୍ଧି ନାନା ରତ୍ନ ଖଞ୍ଜା ପୋଷାକ ଲଗାଇ
ଆଶ୍ଚର୍ଯ୍ୟ ଅତର। ପରୀମାନେ ତାଙ୍କ ଆଦେଶରେ
ପୁଅକୁ ଶୁଆଉଥିଲେ ଗଛ ଡାଳ ଦୋଳିକୁ ଝୁଲାଇ।

୫

ଅସଂଖ୍ୟ ପ୍ରସ୍ଥାନ ଥିବା ଅନ୍ଧାର ଘରକୁ
ସେ ପଶିଲା। ତା କାକର ଆସିବାରେ ବିନ୍ଧ ହୋଇ କେତେ
ଚଢ଼େଇ ପିଟିଲେ ଡେଣା। କମ୍ପି କମ୍ପି ଭୟଙ୍କର ଅଲୋଡ଼ା ଜ୍ଞାନରେ
ସେ ଚାହିଁଲା ସମସ୍ତଙ୍କୁ, ପ୍ରତ୍ୟେକେ ଗୋଟିଏ
ତରାର ଧ୍ୱଂସାବଶେଷ, ବିକଳାଙ୍ଗ ଦିନେ ଚିତ୍ତଚୋରା
ଭବିଷ୍ୟର ତୀବ୍ର ସୌନ୍ଦର୍ଯ୍ୟରେ।

କେତେ ଯେ ପୃଥକ୍ ଦୃଶ୍ୟ - ପାହାଡ଼ଙ୍କ ସାବ୍‌ଜା ସୌରଭର,
ଘୁମାଇବା ଗାଆଁଙ୍କର ଆକାଶରେ ଓଜନ ହାୱାର,
ରକ୍ତ ସରସର ବାଡ଼ିଆଡ଼, ଏକ ହତାଶ ନଗ୍ରର,
ଫାଙ୍କା କୂଳ, ଘୁ ଘୁ ଗର୍ଜୁଥିବା କେଉଁ ସମୁଦ୍ରର-

ହଠାତ୍ ଦିଶିଲେ ଏବଂ ଚାଲିଗଲେ ଅଧୈର୍ଯ୍ୟ ପ୍ରେମିକା
ପରି ସେ ବିବ୍ରତ ହୋଇ ଖୋଜିବା ବେଳରେ
ବେପରୱା ଚୁମ୍ବନ ବା ଖସି ପଡ଼ିଥିବା

ରୁମାଲ୍‌ଟେ ସ୍ନେହପୂର୍ଣ୍ଣ ବିଗତ ସ୍ୱପ୍ନରେ।
ସେ କହିଲା ସମସ୍ତଙ୍କୁ-ଧୈର୍ଯ୍ୟ ଦେବା ଠାଣି ଅନୁଯାୟୀ,
କିଛି ଯାଏ ଆସେ ନାହିଁ। ନିର୍ଜନ ଦିଗନ୍ତ
(ହଳଦିଆ ଓଦା ଓଦା ଆକ୍ଷି ତା'ର ଭ୍ରୂଲତା ଛାଇରେ)
ବୁଢ଼ିଆଣୀ ଜାଲ ବୁଣେ, ହାଇ ମାରେ, ଓ ସମବେଦନା
ପୂର୍ଣ୍ଣ କୁକୁରଟେ ଯାଏ, କେଉଁଠିରେ କ'ଣ ଯାଏ ଆସେ ?
ସ୍ଥାନ ତୁଚ୍ଛା, କାଳ ତୁଚ୍ଛା, ତା ନିଜର ଥିବା ନ ଥିବାରେ।
କ'ଣ ଯାଏ ଆସେ ? ଓଦା ମେଘ ଆକ୍ଷିରେ ପ୍ରଚୁର
ଓ ସ୍ୱର ହତାଶା ଏକ ଚିରସ୍ଥାୟୀ ଚକା ଭଉଁରୀର।

ତା'ପରେ ରାତି, ଓ ସନ୍ଧ୍ୟାବେଳେ ଓଦା ପ୍ରାଚୀନ କାନ୍ଥରେ
ଝଡୁଥିବା ପ୍ରତିକୃତି ପରି ମଳା ସୁଦୀର୍ଘ ମୃତ୍ୟୁରେ।

ସ୍ମୃତି

କି ଅସହ୍ୟ ସେ ଯନ୍ତ୍ରଣା ! ମୁକ୍ତାପରି ଦୁଇ ଟୋପା ଢଳଢଳ ଲୁହ
(ଯଦିଓ କିଞ୍ଚିତ୍ ଫିକା ମୁହାଁମୁହିଁ ଅନ୍ଧାରର ପ୍ରତିବିମ୍ବ ଯୋଗୁଁ)
ଚକ୍ ଚକ୍ କଲେ, ନିହାତି ଜରୁରୀ କିଛି କହିବାର ଶେଷ ପ୍ରଚେଷ୍ଟାରେ
ଥରିଲେ ଈଷତ୍ ମେଲା ଓଠ। ପୂରାପୂରି ଅନ୍ଧତା ତା'ପରେ।

ମୁଁ ଏବେ ବହୁତ ଦୂରେ, ଏତେଦୂରେ ଯେ ଯଦି ବିକଳ
ହୋଇ ସେ ଚିତ୍କାର କରେ ମତେ ତାହା ଶୁଣାଯିବ ନାହିଁ
ଯଦିଓ ଦିନେ ମୁଁ ଥିଲି ଶ୍ରୋତା ତା'ର ସବୁ ବକ୍ତବ୍ୟର
ଏବଂ ସାଙ୍ଗ ଛୋଟବଡ଼ ସମସ୍ତ ଖେଳର।

ନିଦା ଧଳାଧଳା ମେଘ ଚିରା ଏବଂ ଆଖି ନ ପାଇବା
ରେଜେଇର ତୁଳା ପରି ଇତସ୍ତତଃ ଓ ଏକ ପ୍ରକାର
କାନ୍ଥ ଦୁଇ ମୃତ୍ୟୁଙ୍କର ମଝିରେ-ଏକ ନୀଳ, ନିର୍ମମ ଓ ଦୂର,
ଓ ଅନ୍ୟ ସଢ଼ିଲା ପତ୍ର ଦରଶୁଖା କେଉଁ ପୋଖରୀର।

କିଏ ସେ କହିଲା ମତେ ଆଜି ଅଟେ ପୂର୍ଣ୍ଣିମା। ଘର ଓ ବଗିଚା
ଧୋଇ ହେଲା ବେଳେ ତୋଫା ଜହ୍ନଆଲୁଅରେ
ଅଭେଦ୍ୟ ଅନ୍ଧାର ଆସି ତେଲଚିକ୍କଣ ଟ୍ୟାକ୍ସି ଡ୍ରାଇଭର୍
ପାଖେ ବସି ଡାକୁଥିବା କାଳୀ ମଧ୍ୟବୟସ୍କା ବେଶ୍ୟାର
ଅନିବାର୍ଯ୍ୟ ନିମନ୍ତ୍ରଣ ଦେବ। ଦୂର ଫୁଲଙ୍କର ବାସ୍ନା ଯେତେବେଳେ
ବଗିଚାରେ ବୁଲୁଥିବ ଏକ ପୁନର୍ମିଳନ ଲୁହରେ
ତିନ୍ତି ତିନ୍ତି ହଜି ଯିବ ଦୁର୍ବିସହ ଦୁଃଖର ରାଜ୍ୟରେ।

ସ୍ମୃତିସ୍ତମ୍ଭ

ମନେ ନାହିଁ ରଙ୍ଗ ତା'ର, କ'ଣ ଯାଏ ଆସେ ବା ରଙ୍ଗରେ ?
ଦୂରର ନିଅନ୍ ବତିମାନଙ୍କର ବିଭିନ୍ନ ବର୍ଣ୍ଣର
ଦୀପ୍ତିରେ ବିରକ୍ତ ତା'ର ଚିରଞ୍ଜୀବୀ ନିର୍ଜ୍ଜନତା ଟାଣେ
ମଖ୍ମଲ୍ କଳା ପର୍ଦ୍ଦା ଖସୁଥିବା ତରାମାନଙ୍କର
ପ୍ରତିବିମ୍ବ ଦିଶୁଥିବା ଚକ୍ ଚକ୍ ଆଖିଙ୍କ ସାମ୍ନାରେ ।

ଅଜ୍ଞାନବଶତଃ ନୁହେଁ, ବିରକ୍ତି ଆସିଲା
ମଶାଣିର ଦମ୍‌କାଏ ଥଣ୍ଡା ହାୱାପରି
ଡୁବାଇ କାକର ଏବଂ ଅଭଙ୍ଗା ପୀଠରେ
ଏକମାତ୍ର ଅବସନ୍ନ ପୁରୋହିତ ପରି
ସେ ପ୍ରାଚୀନ ପଥରକୁ । ଗଦାଗଦା ବିବର୍ଣ୍ଣ ଶୁଖିଲା
ଜଙ୍ଘ ଓ ଚେମେଡ଼ା ସ୍ତନ ତଡ଼ିଦେଇ ନାନାଦି ବିଦେଶୀ
ଅତରଙ୍କ ବାସ୍ନା ଏବଂ ସମୁଦ୍ର ତଳର
ରାଜ୍ୟର ଆକାଶ ରଙ୍ଗ ପରି ନାନା ବିଚିତ୍ର ଆଲୁଅ
ସକାଳକୁ ଶ୍ୱାସରୁଦ୍ଧ କରିଦେବେ ପୋଡ଼ା ଯୌବନର

ବିଷାକ୍ତ ବାଷ୍ପରେ । ଶହ ଶହ ବର୍ଷର ପାଇନ୍
ଗଛ ହାଇ ମାରିବେ ଓ ପାଉଁଶିଆ କୁହୁଡ଼ି ଭିତରେ
ପତ୍ରଶୂନ୍ୟ କଳାଗଛ ଦେଖାଯିବେ, ଡେଣାକଟା ଚଢ଼େଇ ଢାଳିବ
ବିଶ୍ୱସ୍ତ ଦୈନିକ ରକ୍ତ ପଥର ଉପରେ ।

ହାସ୍ପାତାଳମାନେ ସଜ ଫୁଲପରି ଫୁଟିବେ ପୁନଶ୍ଚ
ଫେରିବେ ଅଦୃଶ୍ୟ ଦେବୀ ପଥରର ଉଦାସ କୋଳକୁ
ଖରାରେ ନ ଜଳି କିମ୍ବା ଶୀତରେ ନ ଥରି
ସ୍ମୃତିସ୍ତମ୍ଭ ଚାହିଁଥିବ ହତୋତ୍ସାହ ପ୍ରତ୍ୟାବର୍ତ୍ତନକୁ ।

ସମୟକୁ ଚାରୋଟି ଚୋରା ଚାହାଣି

୧

ସେ ଆସିଲା ଇସ୍ତ୍ରୀକରା ସୁଟ୍ ପିନ୍ଧି ଜୋତା ଏବଂ ଟାଇ
ଉଚିତ ରଙ୍ଗର ତା' ଚିକ୍‌କଣ କଳା ବାଳ ଭାଙ୍ଗି
ସଳଖ ସୁନ୍ଥାରେ ପାଲିସ୍ କ୍ଷିଅର ହୋଇ ଯଦିଓ ବିସ୍ତୀର୍ଣ୍ଣ
ନୀଳ ଓ ମାଟିଆ ପାଣି ପୂର୍ଣ୍ଣ ନଈ ଚୁପ ଚୁପ କହୁଥିଲା ତା'ର
ଅତୀତର ବିବରଣୀ-ଏକାଧାରେ ଅଶାନ୍ତ ଓ ପ୍ରଚୁର ଦୁଃଖର।

ସେ ଯେଉଁଠି ଠିଆ ହେଲା ସେଠୁଁ କେତେ ଫୁଟ୍
ଦୂରରେ, ଅସ୍ଥିର ଏକ ଭଉଁରୀ ଭିତରେ
ହୁଲି ଡଙ୍ଗା ଛାଟିପିଟି ହେଉଥିଲା ଭାସିଯିବା ଲାଗି
ନଡ଼ିଆଗଛଙ୍କଦ୍ୱାରା ଛାଇ ଛାଇ କେନାଲ୍ ଭିତରେ।

ନଈ କହି ଚାଲିଥିବ ଅସରନ୍ତି ଗପ ତା'ର, ତାକୁ
କାନ ଡେରି ଶୁଣୁଥିବେ କେତେ ଘର କେନାଲ୍ କୂଳରେ।
ଏଠିକାର ଭବିଷ୍ୟତ ପରି ଚୁପ୍ ଶେଷଥର ଲାଗି
ଦେଖାକରି ଆସିଥିବା ସ୍ତ୍ରୀଲୋକ। ତା'ପରେ

ଦିନେ ସେ ନିଖୋଜ ହେବ ମରିଯିବ ଅଥବା ସେଠାର
ଅସଂଖ୍ୟ ନିଷ୍କର୍ମାଙ୍କର ଗହଳିରେ ହଜିଯିବ, ଏବଂ
ଯଦିବା ଅନ୍ୟଥା ହୁଏ ସେ ଖବର ଅଜ୍ଞାତ ରହିବ।

ଏ ନିର୍ଜନ ନଈକୂଳ ବାଲିରୁ ଲିଭିବ
ସବୁ ପାଦଚିହ୍ନ। ଦିକ୍‌ଦାର ଓ ମାଟିଆ
ପାଣି ଲକ୍ଷ ଲକ୍ଷ ଅର୍ଥହୀନ ଭଉଁରୀରେ
ବାରମ୍ବାର ଡେଉଁଥିବେ

ମରିବାର ବ୍ୟର୍ଥ ପ୍ରଚେଷ୍ଟାରେ।

୨

ସେ ଏକ ଅଜବ୍ ବେଳା ମତେ ଦେଖା ଯାଏ
ରାସ୍ତା ମୋର ଚାରିପାଖେ ମୁହଁ ଏପରିକି ଏ ପ୍ରଶସ୍ତ ନଈ
ଆରପାଖେ କୋଠାଘର ଅଥଚ ନାହାନ୍ତି
ସୂର୍ଯ୍ୟ କିମ୍ବା ଚନ୍ଦ୍ର ରାସ୍ତାର କୌଣସି ପାଖେ ଦତି ଜଳୁନାହିଁ
ଆକାଶ ମେଘୁଆ ନୁହେଁ ଦିନର ଏ ଅଜବ୍ ସମୟ।
ବାଷ୍ପରୁଦ୍ଧ ସ୍ୱରେ ଆମେ ପରସ୍ପରେ ଦେଉଛୁଁ ବିଦାୟ।
ନଈ ଆରକୂଳେ ତମ ଘର ଏବଂ ଅଳ୍ପ ସମୟରେ
ମୁଁ ଚାଲିବି ଦେଶାନ୍ତର। ଏ ବି ଭଲ ଗୋଟିଏ ଦୃଷ୍ଟିରେ।
ଏପରି ସମୟ ଯେଣୁ ଅସମ୍ଭବ ଆମେ ତେଣୁ ବିଦାୟ ନେଇନୁ।
ବିଦାୟ ବି ଅସମ୍ଭବ, ଖାଲି ଅଛି ଅନନ୍ତ ମିଳନ
ନ ଭାଙ୍ଗି ଦୁଇଟି ମୂର୍ଖ ହାତଙ୍କର ସଢ଼ା ଇଙ୍ଗିତରେ।

ଏଠି ତେବେ ତମେ ଅଛ ମୁଁ ବି ଅଛି ଆମର ସର୍ବାଙ୍ଗ
ମହକୁଛି ଚିରସ୍ଥାୟୀ ଉଦ୍ଦେଶ୍ୟଙ୍କ ପ୍ରତିଧ୍ୱନିଦ୍ୱାରା
ରକ୍ତଶୂନ୍ୟ ହାଡ଼ଶୂନ୍ୟ ମରୁଭୂମି ଭିତରେ ଯେଉଁଠି
ଧମନୀର ପ୍ରେତମାନେ ଘଣ୍ଟାର ଅକ୍ଷର
ପରି ପାଣି ଫାଟିଗଲେ ସେଠି ଭଙ୍ଗା ଧୂସର ବର୍ଣ୍ଣର
ସ୍ତମ୍ଭପରି ଠିଆ କେତେ ଅଜଣା ଅଶୁଣା
ହସଙ୍କ ନିମିତ୍ତ ବ୍ୟଙ୍ଗ ଝାଳ ଆମ ଦୁହିଁଙ୍କ ଦେହର।

ତମେ ମୋ ବିଜୁଳି ଯାହା ଲିଭେ ନାହିଁ ତମେ ମୋ ସଙ୍ଗୀତ
ଯାହା ଶେଷ ହୁଏ ନାହିଁ। ଅକସ୍ମାତ୍ ଯଦି ମୋ ଦେହରେ
ଥରିବା ଲକ୍ଷଣ ଦିଶେ ତମେ ହାତ ମେଲାଇବ। ତମ ପେଟ ବର୍ଷା ଓଦା ବଣ
ହସହସ ମହାବଳ ଲୁଚିଛନ୍ତି ଅସତର୍କ ମୃତ୍ୟୁ ଉଦ୍ଦେଶ୍ୟରେ।

୩

ତମେ ଅଧିଷ୍ଠାତ୍ରୀ ଦେବୀ ଅସମ୍ଭବ ମୁହୂର୍ତ୍ତମାନଙ୍କ।
ସକାଳର ବିସ୍ଫୋରଣ ତମର ସ୍ତନରେ।
ଏକୁଟିଆ ଦିପହର ଉଙ୍କିମାରେ ତମ କାଖତଳେ।
ତମେ ଯେବେ ହସି କଥା କହ ଦରବୁଢ଼ାମାନଙ୍କ ସାଙ୍ଗରେ
ଆକାଶ ପବନ ପୂର୍ଣ୍ଣ ହୁଏ ଏକ ଭଗ୍ନମନୋରଥ
ମଧ୍ୟରାତ୍ରି ଦୀର୍ଘନିଃଶ୍ୱାସରେ।

ତମେ ଅଧିଷ୍ଠାତ୍ରୀ ଦେବୀ ଭୟଙ୍କର ମୁହୂର୍ତ୍ତମାନଙ୍କ।
ତମର କଟାକ୍ଷ ଦିଏ ଜୀବନ୍ୟାସ ଡାକ୍ତରଖାନାର
ଅଶୁଭ ବେଳଙ୍କୁ। ପଥରର ପ୍ରାୟଶ୍ଚିତ ଲାଗି
ପରିହାସ ଏକ ପ୍ରେମ-ପାଗଳିନୀ ପାପିଷ୍ଠା ନାରୀର।
ତମେ ହିଁ ସାମ୍ରାଜ୍ଞୀ ସାପ ଭଙ୍ଗା ବୋଇତ ଓ ଜୁଆଡ଼ି ଓ
ଭାଡୁଆ ଓ ବେଶ୍ୟାମାନଙ୍କର।

ତମେ ଅଧିଷ୍ଠାତ୍ରୀ ଦେବୀ ଛାଇ ଛାଇ ଭଲ ପାଇବାର,
ଭୟାର୍ତ୍ତ ସ୍ୱପ୍ନର ଯେଉଁଥିରେ ପଳାୟନ ପରିତ୍ରାଣ ନୁହେଁ;
ସାକ୍ଷାତ୍କାରର ଯାହା ଭୟାବହ ଯେହେତୁ ସାମ୍ନାକୁ
କେହି କେବେ ଆସେ ନାହିଁ ଏବଂ ମର୍ମନ୍ତୁଦ ବିଳାପର
ଯେହେତୁ ବୁହେନି ଲୁହ ତେଣୁ ତାହା ବେଶୀ କଷ୍ଟକର।

ତମ ହସ ହସ ମୁଣ୍ଡ ଗଡ଼ି ଗଡ଼ି ମୋର ତକିଆରେ
ପଚାରୁଛି ଯେ ମୁଁ କ'ଣ ଡରିଲି କି ନା ନା ଡରିବି କାହିଁକି

କାହାକୁ ଡରିବି କେହି ନାହିଁ କିଛି ନାହିଁ ଏବଂ ଏପରିକି
ତମ ହସ ହସ ମୁଣ୍ଡ ଆଉ ନାହିଁ ତକିଆ ଉପରେ।

ତମେ ଠିଆ ଶୂନ୍‌ଶାନ୍ ପ୍ଲାଟ୍‌ଫର୍ମ୍ ଉପରେ ତମର
ଫୁରୁଫୁରୁ ଉଡୁଥିବା ବାଳ କରେ କୁତୁକୁତୁ ତମେ ଆଉଜିବା
ଖୁମ୍ବକୁ, ସେ କୁରୁଡ଼େ ଓ ପ୍ଲାଟ୍‌ଫର୍ମ ସେପାଖେ ଆକାଶ
ଦେହରେ ଚେନାଏ ମେଘ କମଳାରଙ୍ଗର,
ଏବଂ ରାତି ମାଡ଼ିଆସେ ଝିଅର ସତୀତ୍ୱ ରକ୍ଷା କରିବାକୁ ବଦ୍ଧପରିକର
ବାପ ପରି ସହରର ନିଛାଟିଆ ରାସ୍ତାରେ ଗଳିରେ,

ରାସ୍ତାପୂର୍ଣ୍ଣ ଭଙ୍ଗାକାଚ ଟେକା ଏବଂ ଇତସ୍ତତଃ ପ୍ରାଚୀରପତ୍ରରେ।

୪

ମୁଁ ଅଯୋଗ୍ୟ ମହାଶୂନ୍ୟେ ରକେଟ୍ ବା ଚନ୍ଦ୍ରପୃଷ୍ଠେ ଅବତରଣର
ଆଲୋଚନା ଲାଗି, ଦେଖିବାକୁ ଗଲେ ମୁଁ ଅଯୋଗ୍ୟ
ପ୍ରାୟ ପ୍ରତି କାମ ଲାଗି। ମୁଁ କେବଳ ଖୋଜେ ମାଧବୀକୁ।
ଆପଣ ଦୈବାତ୍ କ'ଣ ମାଧବୀକୁ ଦେଖିଛନ୍ତି ? ମୋର
ଗୋଟିଏ ଯୋଗ୍ୟତା ଅଛି-ମାଧବୀର ସନ୍ଧାନ ନେବାର।

ମାଧବୀର ପତ୍ତା ନେବା ଆପାତତଃ ଯେତେଟା ସହଜ
ଜଣାଯାଏ ବାସ୍ତବିକ ତାହା ନୁହେଁ। ପ୍ରଥମତଃ ତା'ର
ଚେହେରା କିପରି ମତେ ପୂରାପୂରି ଜଣା ନାହିଁ, ଆଉ କାହାରିକୁ
ଜଣା ନାହିଁ। ବେଳେ ବେଳେ ଦେଖାଯାଏ ଚକ୍ ଚକ୍ ତାରାପରି ଦୂର
ଚନ୍ଦ୍ରମଣ୍ଡଳରେ ଏକ ଅଦୃଶ୍ୟ ଜାଗାରେ, ଏବଂ ବେଳେ ବେଳେ
ତା ମୁହଁ ବେଲୁନ୍ ଫୁଲି ଶୋଭାଯାତ୍ରାକାରୀଙ୍କ ଚିତ୍କାରେ
ଦିପହର ଆକାଶରେ ଭାସେ, କିମ୍ବା ଦେଖାଯାଏ
ଛାଇପରି ଦିନେ ଦିନେ ରାତିଅଧେ ବଗିଚାରେ ଝାଉଁଗଛ ତଳେ।
ତା ନଗ୍ନତା ଆଲୋକିତ ତିରିଶଟି ଅପାର୍ଥିବ ମହମବତିରେ।

ଦ୍ୱିତୀୟତଃ ମୁଁ ନିଶ୍ଚିତ ନୁହେଁ ଯେ ମୁଁ ତାକୁ ଖୋଜୁଅଛି।
ବେଳେବେଳେ ତାକୁ ତଡ଼ିଦିଏ, ତାକୁ ଗାଳିଦିଏ ମୋର
ଯୌବନ ସେ ନଷ୍ଟ କଲା, ସେ ବିଷ ମୋ ନିର୍ମଳ ସ୍ୱପ୍ନର,
ସେ ଦୋଚାରୀ କେତେ କଥା କହି ମତେ ଭୁଲାଇ ଆଣିଲା
ଏ ଜାଗାକୁ ଯେଉଁଠାରେ ମୁହଁସଞ୍ଜ ଅକ୍ଷୟ, ଅମର।
ସେ ଏକ ଦଦରା ଭୂତ ତାକୁ ଦେଖି ଉଡ଼ିଗଲେ ସବୁ
ଚଢ଼େଇ-ସେ ସୀମାହୀନ ଜଙ୍ଗଲ ଯେଉଁଠି
ଏକମାତ୍ର ଶବ୍ଦ ଅଟେ ଟପ୍‌ଟାପ୍ ବର୍ଷା ପଡ଼ିବାର।

ତଥାପି ମୁଁ ଖୋଜୁଅଛି ମାଧବୀକୁ-ତା' କଠିଣ ସ୍ତନ କିମ୍ବା ତା'ର
ମୁଲାଏମ୍ ଗୋଡ଼ ପାଇଁ ନୁହେଁ, ଯେହେତୁ ସେ ସବୁ
ନାହାନ୍ତି ବା ଥିଲେ ମଧ୍ୟ ଯାଏ ଆସେ ନାହିଁ-
ତା' ସ୍ୱଚ୍ଛତା ଲାଗି ମୋର ଚିରସ୍ଥାୟୀ ହତାଶା, ତା'ଠାରେ
ସମ୍ଭବ ସମସ୍ତ ସୁଖ ଲାଗି ମୋର ନିଭୃତ ସ୍ମୃତିରେ
ସେ ଓ ମୁଁ ଏକ ହେଉଁ, ତା' ଲଗି ମୁଁ ଗାଇଥିବା ଗୀତ
ବାସ୍ତବିକ କେତେ ଗୀତ ସେ ଗାଇଲା ମୋ ପ୍ରୀତି ଆଶାରେ।

ମହାଶୟ, ଆପଣ ବି ଖୋଜୁଛନ୍ତି ମାଧବୀକୁ ବର୍ଷ ବର୍ଷ ଧରି।
ଆପଣଙ୍କ ଲାଗି କ'ଣ ସେ ଗାଇବ ପଦେ ହେଲେ ଗୀତ ?
ଆପଣଙ୍କ ଠାରେ ପଛେ ଥାଉ ଲକ୍ଷ ଲକ୍ଷ ଟଙ୍କା କିନ୍ତୁ
ମାଧବୀ ଯିବନି କେବେ ବୁଢ଼ାଙ୍କ ସହିତ।
ଆପଣଙ୍କ ଦାନ୍ତ ହଲି ଆସିଲାଣି, ଆପଣଙ୍କ ଖପୁରୀ ଉପରେ
କ୍ରମେ ବଢୁଥିବା ଚନ୍ଦା ଜାଗାଟିଏ ଚକ୍‌ଚକ୍ କରେ।

ଭୂତକେଳି

ହେଲା ଏବେ ମୁଁ ମରିଚି। କ'ଣ ହେଲା ? ମୁଁ କ'ଣ କରିଛି
କଥାବାର୍ତ୍ତା କରିବାକୁ ମନା ? ମୋର ପିଲାଦିନେ
ମୁଁ ତ ବେଶ୍ କଥାବାର୍ତ୍ତା କରୁଥିଲି ମରିଥିବା ଲୋକଙ୍କ ସାଙ୍ଗରେ।
ସେମାନେ ତ ଆସୁଥିଲେ ନିସ୍ତବ୍ଧ ରାତିରେ
ଆସିବା ସଙ୍କେତ ଦେଇ ଲହଡ଼ିଙ୍କ ଭାଙ୍ଗିବା ଶବ୍ଦରେ
କିମ୍ବା ପେଚା କୁହାଟରେ ପିନ୍ଧିକରି ତାରକାଖଚିତ
ଅନ୍ଧାରର କୋଟ୍ ଏବଂ ସେମାନଙ୍କୁ ନାଆଁ ପଚାରିଲେ
ହାଓ୍ବାର ଦଦରା ଶବ୍ଦେ ସେମାନେ ବି ଗାଳି ଦେଉଥିଲେ।

ମତେ ନାଆଁ ପଚାରନି, ନିର୍ବାସିତ ରାଜପୁତ୍ରମାନେ
ମତେ ପ୍ରାୟ ଭେଟିଥାନ୍ତି ସେମାନଙ୍କ ରାସ୍ତାର ଶେଷରେ
ଏବଂ ଉଗ୍ର ଧର୍ମପତ୍ନୀମାନଙ୍କଠୁଁ ପଳାୟନରତ
କିରାଣି ବି ଭେଟି ଥାନ୍ତି ନିଛାଟିଆ ପଡ଼ିଆ ଭିତରେ।
ମୁଁ ସେହି ଅଭୁଲା ଧ୍ୱନି ହଠାତ୍ ପଥର ହେବା ବେଶ୍ୟାଙ୍କ ଗୀତର
ଖ୍ରୀଷ୍ଟପୂର୍ବ ଦଶ ଶତାବ୍ଦୀର !

ମତେ କିନ୍ତୁ କଥାକହ-ମିଛ ଶବ୍ଦେ ନୁହେଁ
ଥର ଥର ମାଂସର ବା ପିଲାଳିଆ ଖରାଦିନ ହଠାତ୍ ବର୍ଷାର
ଯାହା ବକ୍ ବକ୍ ହେଉଥିଲା ଯେତେବେଳେ ଡାକ୍ତର ସାହେବ
ନର୍ସ୍‌କୁ କହିଲେ (ଡାକ୍ତରଙ୍କୁ ନର୍ସ ମଧ କହିଥାଇ ପାରେ)

ଏ ରୋଗୀକୁ ଆଉ ବେଶୀ ଇଂଜେକ୍‌ସନ୍‌ ଦେବା
ମାନେ ସର୍ବସାଧାରଣଙ୍କର ଟିକସକୁ ଫିଙ୍ଗିବା ପାଣିରେ ।

ଆସ ମତେ କଥା କହ । ମୁଁ ତମର ହତାଶ ସ୍ୱପ୍ନର
ପ୍ରାଚୀନ ଦେବତା ଯାହା ତମେ ନିଜେ ହୁଅ ବାରମ୍ବାର ।

ଆସ ମତେ କହ କଥା କହ । ତାହାପରେ ସମ୍ଭବତଃ ତମେ
ଦେଖିବ ଯେ ତମେ ଅଟ ସ୍ୱପ୍ନପରି ମିଛ ଏବଂ ତାହା କେତେ
ଶାନ୍ତିପୂର୍ଣ୍ଣ, ମନୋମୁଗ୍‌ଧକର ।

ଭିକାରୁଣୀର ବରାନୁଗମନ ଦର୍ଶନ

କେବେ ସେ ମଟର ଗାଡ଼ି ନୀଳଗାଡ଼ି, ସାବ୍‌ଜାଗାଡ଼ି ଓ ଇଟାରଙ୍ଗର
ଗାଡ଼ି ଏବଂ କଳା ରଙ୍ଗ ଗାଡ଼ି।
ରାସ୍ତାରେ ମଟର ଗାଡ଼ି ଗଲାବେଳେ ଉଡ଼େ ନାହିଁ ଧୂଳି।
ମଟର ଗାଡ଼ି ତ ନୁହେଁ ଶଗଡ଼ ତଥାପି
ଶଗଡ଼ ଗାଡ଼ିଙ୍କ ପରି ଧୀରେ ଧୀରେ ଯାଆନ୍ତି ମଟର।
ଏ ସବୁ ମଟର ଗାଡ଼ି ବିଭାଘର ଲାଗି ପଟୁଆର।
ବରଯାଏ ଫୁଲମାଳ ସଜା ସାମ୍ନା ମଟର ଗାଡ଼ିରେ।
ତା'ର ବେକ ମହମହ ବାସୁଥିବ ଭାସ୍କର ମାଳିରେ
ଓ କପାଳ ଯାକ ବୋଳା ହୋଇଥିବ ଚନ୍ଦନ ସିନ୍ଦୂର
ଯେଉଁପରି ବୋଳାଯାଏ ରାଜାଙ୍କର ପାଟହାତୀ ଥୋଡ଼ପାହାରରେ।

ମୁଁ ଅବା କରନ୍ତି କ'ଣ ? ମୁଁ ତ ମାଆ ଏପରି ଛୁଆର,
ମୋ ନାରୀର ଝୁଲୁଅଛି କାଗଜର ସ୍ତନ ଦୁଇଟିରେ।
ରେଳଗାଡ଼ି ଆସିଲାଣି ଷ୍ଟେସନ୍‌କୁ। ହାଓ୍ୱା ଆଜି ଖୁବ୍
କାକର ଓ ବୋହୁଛି ଜୋର୍‌ରେ।
ତା ଫୁଙ୍ଗୁଳା ଦେହ କିନ୍ତୁ ତରା ମୁହଁ ପରି
ଦାଉ ଦାଉ ଜଳେ ଦି'ପହରେ।

ମୁଁ ଅବା କରନ୍ତି କ'ଣ ? ନାନାଦି ଅସଭ୍ୟ କଥା ପ୍ରତିଧ୍ୱନି କରି
ପବନ ବୁଲିଲା ମୋର କାନ ପାଖେ। ମୋ ଦେହର ଶୁଖିଲା ନଈରେ

ହଠାତ୍ ଉଷୁମ ବନ୍ୟା ମରାମତ୍ ସ୍ୱପ୍ନମାନଙ୍କର,
ଓ ଅସ୍ଥିକଙ୍କାଳ ଟକ୍‌ଟକ୍ ଫୁଟିଲା ରାସ୍ତାରେ
ନିଃସଙ୍ଗ ଅନ୍ଧାର ରାତି ନିଭୃତ ବିଲର
କ୍ରମେ କ୍ରମେ ସଢ଼ିଗଲା। ମୁଁ ପୋଇଲି ଅନନ୍ୟ ସୁନ୍ଦରୀ
ଅନୁଭବ କଲି ଶାଢ଼ୀ ବୋଝପରି ଲାଗୁଛି ଦେହରେ।
ମୁଁ ଆଉ ଟପିଲି ନାହିଁ ଦୁଆର ବନ୍ଧକୁ, ତା'ଉପରେ ମୋ ଶେଯ
କାଗଜ ପାଲଟି ଗଲା, ମୁଁ ତ ଗୋଟାପଣେ
ଲାଲ୍ ପଡ଼ିଗଲି ଭୟ ଏବଂ ଏହି ଛୁଆ ସମ୍ବାଦରେ।

ଏସବୁ ମଟରଗାଡ଼ି ଚାଲିଯିବା ଉତ୍ତାରେ ହୁଏତ
ରକ୍ତାକ୍ତ ପବନ ମତେ ପଚାରିବ, କେଉଁଠି ? କେଉଁଠି ?
ରେଳଗାଡ଼ି ସେତେବେଳେ ଛାଡୁଥିବ ଷ୍ଟେସନ୍, କାହାର
ଅଦୃଶ୍ୟ ଆଙ୍ଗୁଠି ଜଳିଆସୁଥିବା ଆକାଶ ଉପରେ
ଆଙ୍କିଦେବ ପ୍ରତିକୃତି ଭଙ୍ଗାରୁଜା ଏକ ଯୁବତୀର

ପୁରୁଷାକୃତିର ଅନ୍ଧକାରର କୋଳରେ।

ଶ୍ରୀମନ୍ଦିର

ମୋର ସବୁ ନାଲି ନେଳୀ ବିରକ୍ତି ଭିତରେ
ଅଛି ଏକ ଶଙ୍ଖଶୁଭ୍ର ସ୍ମୃତି
ସମୟ ସେଠାରେ ଅଟେ ସେପ୍‌ଟେମ୍ବର୍ ସକାଳ ଅଥବା
ଅଯୁତ ବିଧବାଙ୍କର ନିର୍ନିମେଷ ଲୋହିତ ବଳିତା
ଆଲୋକିତ କରିବାକୁ ପବନଠୁଁ ଫେରାର୍ ତ୍ରିମୂର୍ତ୍ତି ।

ଅଥଚ ମୁଁ ପବନରେ ବାସକରେ, ମୋର ସ୍ଥିତି ଫରଫର ଉଡ଼େ
ବୀରତ୍ୱବିହୀନ ଭାବେ ପବନରେ ଯାହା ଦୋହଲାଏ
ତାରକାଖଚିତ ମୋର ଥମ୍ ଥମ୍ ଆକାଶର ଛାତ,
ନଡ଼ିଆ ଗଛଙ୍କ କଳା କାନ୍ଥ । ଏ ପବନ
କ'ଣ କହେ ? କିଛି ନାହିଁ, ଚିଡ଼ିଚିଡ଼ି ହୁଏ,
ଘରର କାଗଜପତ୍ର ଇତସ୍ତତଃ କରେ
ଡିଟେକ୍ଟିଭ୍ ପରି କେହି ନ ଥିବା ସମୟେ ।

ଦି'ଜଣ ଶ୍ରମିକ ଯାନ୍ତି ଶୋଭାଯାତ୍ରା ସାମ୍ନାରେ ଦୁଇଟି
ବାଉଁଶ ଅଗରେ ବନ୍ଧା ପତାକା ଉଡ଼ାଇ ।
ଜଣଙ୍କର ମୁହଁଯାକ ଶିରାମୟ, ଦାନ୍ତସବୁ ଆଗକୁ ଆଗକୁ,
ଆଉ ଜଣେ ଚୁପ୍‌ଚାପ୍, ଚାଲୁଅଛି ସ୍ଲୋଗାନ୍ ନ ଦେଇ
ମେଘ ଆଡ଼େ ଚାହିଁ ଚାହିଁ । ମେଘଙ୍କର ଅଜବ୍ ଆକୃତି ।
ବାକୀ କେତେ ଯାଉଥିଲେ କଥାବାର୍ତ୍ତା ଥଟ୍ଟା ପରିହାସ
କରି । ଗର୍ଜନ ତର୍ଜନ ଆଉ ନାହିଁ ପବନର,

ଏପରିକି କ୍ରୋଧ ନାହିଁ, ଖାଲି ଅଛି ହତାଶ ବିରକ୍ତି।
ପବନ ଯେପରି ସାପ, ହଠାତ୍ ସେ ଜାଣିଲା ଯେ ତା'ର
ଚଙ୍କିବାର ବଳ ନାହିଁ
ତା' ଉପରେ ଚାଲିଗଲା ଚକ ଶଗଡ଼ର।

ପବନ କେବଳ ହୁଏ ଗର୍ ଗର୍। ଖାଲି ପାଦେ ଚାଲେ
ତରୁଣୀଟି, ହଂସ ପାଦ ପରି ଫରକଟ
ପାଦର ଗୋଲଠି ଯାକ ଫାଟ ଫାଟ। ଅସନା ରାସ୍ତାର
ହ୍ରଦରେ ପହଁରି ଚାଲେ କ୍ଲାନ୍ତ ହଂସ ଅଳ୍ପ ବୟସର।

ଏ ସବୁ ରହିବେ ନାହିଁ, ମୁଁ ଜାଣିଛି। ମେଘଙ୍କ ଅଜବ୍
ବିଭିନ୍ନ ଆକୃତି ପରି ସବୁ ଅବାସ୍ତବ।
ଏ ସବୁ ତିଆରି କଲେ ଅଶାନ୍ତିର ଦେବତା, ସେମାନେ
ହସନ୍ତି, କହନ୍ତି କଥା, ବା କରନ୍ତି କ୍ରୁଦ୍ଧ ତିରସ୍କାର,
ସେମାନଙ୍କୁ ଛୁଇଁ ହୁଏ ପ୍ରତ୍ୟେକ ମାସରେ
ଏକ ଟଙ୍କା ଚାନ୍ଦା ଦେଇ ସଭ୍ୟ ହେଲେ ତାଙ୍କ ସମାଜର।

ମୁଁ ମଧ୍ୟ ଜାଣିଛି ଏହା, ଦିନେ ଅବା ଦିନେ
ଏ ପବନ ବନ୍ଦ ହେବ, ଆକାଶ ପୁନଶ୍ଚ
ନୀଳବର୍ଣ୍ଣ ହେବ ଏବଂ ତାଜା ସକାଳର
ନରମ ଖରାରେ ହେବ ଝଲ୍ ମଲ୍, ପ୍ରତ୍ୟେକ ଘାସରେ
ଚକ୍ ଚକ୍ କରୁଥିବ ସ୍ଫଟିକ କାକର।
ଶ୍ରମିକ ତରୁଣୀ ଏବଂ ଦୁନିଆଁର ନାମହୀନ ଲୋକେ
ଝଡ଼ାପତ୍ର ଗାଲିଚାରେ ଆଚ୍ଛାଦିତ ଚଲାବାଟେ ଯିବେ
ତମ ଶ୍ୱେତ ଆସ୍ଥାନକୁ ସେଠାରେ ତମର
ମୁରୁକି ମୁରୁକି ହସ ପୋତିଦିଏ ସଭିଙ୍କୁ ପ୍ରକୃତ
ମରଣରେ, ତମେ ଯେଣୁ ପ୍ରତି ମିନିଟ୍‌ରେ

ସେ ମୃତ୍ୟୁରେ ଆମ ସଙ୍ଗେ ମର।

ମାଧବୀର ପଞ୍ଚତ୍ରିଂଶତମ ଜନ୍ମୋତ୍ସବ

ମାଧବୀଙ୍କୁ ହେଲା ଆଜି ଛତିଶି, ଆଜି ମାଧବୀର
ହୃଦୟ ବ୍ୟାକୁଳ ହୁଏ ଏପରି ଚିନ୍ତାରେ
ଯାହାର ଉଲ୍ଲେଖ ନାହିଁ ଓଡ଼ିଆ କାବ୍ୟରେ ।

ବାରଣ୍ଡା ଖୁମ୍ବରେ ଆଜି ଆଉଜି ମାଧବୀ
ଛୁଆପରି ଚୋବାଉଛି ଟଫି ଏବଂ ଚାହେଁ
ରାସ୍ତାରେ ଝଡ଼କୁ, ଏ ଝଡ଼ରେ ଉଡ଼ିଗଲେ ତା'ର
ସ୍ୱାମୀ ନିଃସହାୟ ଶୁଷ୍କ ପତ୍ରପରି (ତାଙ୍କୁ
ପାଖାପାଖି ବୟାଳିଶ, ଝୋଟପରି ବାଳ ଓ ଶରୀର
ଈଷତ୍ ପୃଥଳ, ବର୍ଣ୍ଣ ଶ୍ୟାମଳ) । ସେ କ'ଣ ଫେରିବେ ?
ସେ କ'ଣ କେବେ ଫେରିବେ ? ତା' ମନ
ବହୁଦିନୁଁ ପରିତ୍ୟକ୍ତ ଲମ୍ବାଚୌଡ଼ା ଘରର ବଖରା,
ଘରବାଲା କେତେଦିନୁଁ ମଲାଣି ଓ ଝରକା ଦୁଆର
ଚୋରମାନେ କେତେଦିନୁଁ ନେଲେଣି, ଯଦିବା
ଖରା ପଡ଼େ ଫିମ୍ପିଖିଆ କାନ୍ଥରେ ସେ ଖରା ମନୋହର,
ଯଦିବା ନ ପଡ଼େ ଖରା ଅନ୍ଧାରର ଚୋରା ପାଦଧ୍ୱନି
ନିଭୃତ ଶୀତ୍କାର ଆଣେ ମନୋରଥପୂର୍ଣ୍ଣ ନାରୀତ୍ୱର ।

ସେଦିନ ଓପରଓଳି ମାଧବୀର ପବିତ୍ର ମୁହଁରେ
ରୋଗା ଦୋଦୋପାଞ୍ଚ ଖରା, କେତେ ଆକାଙ୍‌କ୍ଷାର

ସଂକ୍ଷିପ୍ତ ଜଳପ୍ରପାତ। ମାଧବୀ ଛୁଇଁଲା
ଗାଲକୁ, ମୁଣ୍ଡକୁ, ଏବଂ ଶେଷରେ ଛାତିକୁ,
ଆସ୍ତେ ଆସ୍ତେ। କେତେଦିନୁଁ ପଡ଼ିଥିବା ହାର୍ମୋନିୟମ୍‌ରେ
ପ୍ରତ୍ୟେକ ପ୍ରତ୍ୟଙ୍ଗ ଏକ ସ୍ୱରଘର ପ୍ରତ୍ୟେକ ସ୍ୱରରେ
ଅଚାନକ ପ୍ରତିବାଦମାନଙ୍କର ଭୀଷଣ ମୂର୍ଚ୍ଛନା,
ପାତାଳକୁ (ଯେଉଁଠାରେ ସବୁ ମୁହଁ ଏକା ପରି ଦିଶେ)
ଅବତରଣର ଥଣ୍ଡା ବଦାନ୍ୟ ମୁହୂର୍ତ୍ତେ,
ଅଥବା ଜେଜେମା ଖୁଡ଼ୀ ମାଆ ମାଉସୀଙ୍କୁ
ଅସ୍ୱୀକାର କଲାବେଳେ, ଅଥବା ଉଦାସେ
ସ୍ୱାମୀଙ୍କୁ ଭାବିଲା ବେଳେ। ସେ ପୁନଶ୍ଚ ଭୁଲିଗଲେ ଆଜି
ବା ଆସିବେ ନିଶାର୍ଦ୍ଧରେ ପାନପିକ ବହଳ ମୁହଁରେ
ଲାବଣ୍ୟବତୀରୁ ପଦେ, ସେହିପରି ସ୍ନେହ ବି ମନରେ।

ସେ ମୂର୍ଚ୍ଛନା ମିଶିଗଲା ମାଧବୀର ସ୍ନାୟୁରେ, ରକ୍ତରେ,
ଖରାକୁ ଫେରାଇଦେଲା ସୂର୍ଯ୍ୟ ନିକଟକୁ।
ଅନ୍ଧାରରେ ଥାଏ ଅନ୍ୟ ପୃଥିବୀ ଯେଉଁଠି
ହାତରେ ରୁମାଲ୍ କିମ୍ବା ଫୁଲ ଧରି ସେ ଅପେକ୍ଷା କରେ।
ତା'ପରେ ସନ୍ଧ୍ୟା ବି ହୁଏ, ମାତ୍ର ମାଧବୀର
ଦାନ୍ତ ଝଡ଼େ ନାହିଁ କମ୍ବା ବାଳ ପାଚେ ନାହିଁ।
ଆକାଶରେ ମିଟିମିଟି ଲକ୍ଷ ଲକ୍ଷ ଆସନ୍ତାକାଲିର
ଗ୍ରହ ଉପଗ୍ରହ ଏବଂ ଅପ୍‌ସରାଙ୍କ ପାନୀୟ ବିଷର
ଆଜୀବନ ଓ ପ୍ରଫୁଲ୍ଲ ସ୍ୱାଦ ତା'ର ଉନ୍ମାଦ ଓଠରେ।

ମାଧବୀ ରାଗିଲାବେଳେ ଦେଖିଥାଏ ଏପରି ବିଷଣ୍ଣ
ସ୍ୱପ୍ନ (ବିଲ୍‌କୁଲ୍ ପାଗଳୀ ନ ହେଲେ
କେଉଁ ନାରୀ ଜନ୍ମଦିନ ସନ୍ଧ୍ୟାବେଳେ ଏପରି ରାଗିବ ?)।
ମାଧବୀର କ୍ରୋଧ ତେବେ ପ୍ରଶମିତ ହୋଇବ କିପରି ?
ହାତ ମଲୁଥିବା ଏବଂ ଦୋଚାରୁଣୀ ପତ୍ନୀଙ୍କ ସହିତ
ଆନନ୍ଦରେ ବିବାହିତ ପାରିଷଦ ନିର୍ବାସିତ ହେଲେ

ତା' କଠୋର କ୍ରୋଧଦ୍ୱାରା। ଦପ୍ ଦପ୍ ଆଖି ଜଳେ ତା'ର
କମ୍ପୁଥିବା ଆକାଶରେ ବିଜୁଳିର ଦୀପ୍ତିରେ ଉଜ୍ଜ୍ୱଳ
ଦୁଇଖଣ୍ଡ ହୀରାପରି, ଏକୁଟିଆ ଆଡ଼ମ୍ବରପୂର୍ଣ୍ଣ
ବୈଧବ୍ୟରେ ଠିଆ ହୁଏ, ତା' ସୌନ୍ଦର୍ଯ୍ୟ ସେଠାରେ ଅକ୍ଷତ,
ପାଖାପାଖି ଦିଶେ ମାତ୍ର ପହଞ୍ଚିବା ଅସମ୍ଭବ ଅଟେ
ଯେଉଁପରି ଚନ୍ଦ୍ରାଲୋକେ ସ୍ପଷ୍ଟ ନକ୍ସା ପାଖ ପାହାଡ଼ର,
ଏବଂ ତା'ର ଚାରିପାଖେ ମୁଲାଏମ୍ ଗୀତଙ୍କ ଝଡ଼ରେ
ନ ଚହଲି ଗଡ଼ଖାଇ ସାତତାଳ ପ୍ରଚ୍ଛନ୍ନ ଲୁହର।

ଶାନ୍ତ ହୁଅ ଚିତ୍ତଚୋରା ରୂପମୟୀ ଠାକୁରାଣୀ, ଦେଖ
ତମର ପ୍ରେମିକ ଆସେ, ପାଖାପାଖି ବୟାଳିଶ, ଈଷତ୍ ପୃଥୁଳ,
କୁହୁଡ଼ି ଭିତରେ, ଏ ଦୁର୍ଭେଦ୍ୟ ଗଡ଼ଖାଇ ପହଁର ପହଁରି,
ସୁନାରେ ଛାଉଣି ଦାନ୍ତ ଚିରସ୍ଥାୟୀ ହସରେ ବିସ୍ତୃତ,
ସମ୍ବାଦପତ୍ରରେ ଗଢ଼ା ଗଧ ତା'ର ନିର୍ଭୀକ ବାହକ,
ନିହତ ସଭାଙ୍କ ରକ୍ତେ ରଞ୍ଜିତ ତା' କରେ କରବାଳ।
ଅଭାଗିନୀ! ତମେ ତା'ର ଝାଳଗନ୍ଧ ପେଟକୁ ଆଉଁସି
କହିବ କି ସାହିତ୍ୟ କି ଦର୍ଶନ ତମେ ସବୁ ବିଦ୍ୟାରେ କୁଶଳ,

ଏବଂ ଟାଣିଦେବ ପର୍ଦ୍ଦା ଝରକାରେ, ଯାଉ ଚାଲିଯାଉ
ଚୁପ୍‌ଚାପ୍ ବନ୍ଦରରୁ ରାତାରାତି ନିଷ୍କଳଙ୍କ ହତାଶା ତମର,
ତା' ନାଆଁରେ ଲକ୍ଷାଧିକ ଅଭିଯୋଗ-ପୋଡ଼ିଦେଲା ଆଦିମ ନିଃଶ୍ୱାସେ
ଜନ୍ମଦିନ, ଅପରାହ୍ଣ, ବେଦାନ୍ତ ଓ କଲ୍‌କି ଅବତାର।

ରାତିର ଆକାଶ

ରାତିର ଆକାଶ ଦେହେ
ପ୍ରସ୍ତ ପ୍ରସ୍ତ ଧୂସର ବାଦଲ,
ଗୋଟେ ଅଧେ ଜକ୍ ଜକ୍ ତରା
ମୋ କଲେଜ ବେଲୁ ଚାହିଁଛନ୍ତି
ବାଳଶ୍ରୀ ବିଧବା ପରି କପଟ ଖୁସିରେ ।
ମୁଁ ଅବା କହନ୍ତି କ'ଣ କିନ୍ତୁ କେତେ ଡେରି
ହୋଇଗଲା । ତା' ଛଡ଼ା ମୋ ଆଗ୍ନେୟ କୋଠରୀ
ପୂର୍ଣ୍ଣ ପୁତ୍ରକଳତ୍ର ଭିଡ଼ରେ,
ମୋ ମୁହଁରେ ପାଚିଲା ରୂଢ଼ ମୋ
ଆଖିରେ ପାୱାର୍ ବାଲା ପ୍ରଚକ୍ଷୁ ଓ ମୋର
କାନ୍ଦକାନ୍ଦ୍ ଅଧୋଃଗତି ଲୋଡୁଅଛି କ୍ଷିପ୍ର ଜନ୍ମାନ୍ତର ।

ରାତିର ଆକାଶ ଦେହେ
ନିଦା ମେଘ ତ୍ରିପଣ୍ଡ କାଳିଆ
ନିଶ୍ଚିହ୍ନ ତରାଙ୍କ ଆଶା
କିଛି ବେଳ ଉଜ୍ଜ୍ୱଳ ଆଲୋକ ।
ତା' ଉତ୍ତାରେ ଇହକାଳ ଝଡ଼ ହୋଇ ଆସେ,
ତୋଫାନରେ ହାତକଟା ବ୍ଲାଉଜରୁ ଝାଳର ମହକ,
ନିର୍ଲିପ୍ତ ପତ୍ନୀର ହସ ଟହ ଟହ ଡାଳିମ୍ବ ଅଥବା
ଲହ ଲହ ପରିଧି ନିଆଁର,
ତା' ବାହାରେ ଥିଲେ ଥିବ ଝରଣାର କୁଳୁ କୁଳୁ ଡାକ,
ସୁବାସିତ ସୌନ୍ଦର୍ଯ୍ୟରେ ପରିପୂର୍ଣ୍ଣ ବନବାସ ମୋର ।

କିନ୍ତୁ ଦେଖ, ଆକାଶରେ ଜହ୍ନ ଉଏଁ ଜଣାଶୁଣା ଚାଳିଶ ବର୍ଷର ।

ସୂର୍ଯ୍ୟାସ୍ତରେ ଖରା ଶେଷ ନୁହେଁ

ପିଜୁଳି ଗଛରେ ଖରା
ରଇରୁଦ୍ର ଖରା
ଅନେକ ପତ୍ରଙ୍କ ତଳେ
ଛାଇଛାଇ ଅଗମ୍ୟ ବଖରା,
କେଉଁ ବଖରାରେ ପ୍ରଶ୍ନ କେଉଁଠି କ୍ରନ୍ଦନ
ଏକାକାର ନିଷେଧରେ
ରହସ୍ୟର ଝାପ୍‌ସା ବୃନ୍ଦାବନ।

ଖରାବେଳେ ନିଛାଟିଆ
ବୃନ୍ଦାବନ ସହରର ବାଟ
ଉତ୍ତାପର ଟହ ଟହ
ହସମଧ୍ୟେ ପ୍ରେମିକ ସମ୍ରାଟ
ଆଖିରେ ପ୍ରଚକ୍ଷୁ ଏବଂ ହାତରେ ମୁରଲି
ଧରି ଡାକୁଛନ୍ତି ରାଧା ଆସ ଆସ ବୋଲି।
ସ୍ୱର ଅତି ଜଣାଶୁଣା; ନିଭୃତ ଗଳିରେ
ବାୟାହାତୀ ପର ଧସି ଚାଲିଯାଏ ବତାସ ବେଗରେ।
ପ୍ରଶ୍ନଙ୍କର ଛାଇ ଛାଇ
ବଖରାରୁ କେହି
ଆସିବ ନିଦରେ ଭୋଳ
ସ୍ୱାମୀଙ୍କୁ ଏଡ଼ାଇ ?

ଆଲିଙ୍ଗନ ଲକ୍ଷ ଲକ୍ଷ ବିରକ୍ତିମାନଙ୍କ ?
ଠଣ ଠଣ ଶବ୍ଦ ସାତ ପୁରୁଷି ଥାଳୀଙ୍କ ?
ଅନ୍ଧ ପ୍ରୀତି ପୁଅନାତି ଅଣନାତିଙ୍କର ?
କେତେ ସିନା ମରି ଯିବେ ଅକାଳରେ, କେତେ
ଜନ୍ମଦିନୁଁ ବିକଳାଙ୍ଗ ହେବେ, ତଥାପି ତ
କେତେ ଜଣ ହେବେ ସୁସ୍ଥ ସବଳ ଗୋପାଳ,
ପଟାପରି ଶୋଉଥିବେ ବିଭା ହୋଇଥିବେ
କନକ ପ୍ରତିମା ଗୋରୀ ଈଷତ୍ ଚଞ୍ଚଳ ।

ସଞ୍ଜ ପରେ ଆଉ କାହିଁ
ଖରା ? ନଈର ସେ ପାଖେ
ଏକ ନାରୀ ମୂର୍ତ୍ତି ଯାର
ସରହଦ୍ ଦିଶେ ଚନ୍ଦ୍ରାଲୋକେ ।
ତା' ଆଖିରେ ହିଂସ୍ର ଖରା,
ଏକ ଧ୍ୱସ୍ତ ସହର ସାମ୍ନାରେ,
ଭଙ୍ଗାରୁଜା ବଖରାଙ୍କ ପଦ୍ମବନେ ଖରା
ହାତୀ ପରି ଧସି ଚାଲେ
ବିଧବାର ନିଷ୍ଫଳ ଅନ୍ଧାରେ ।

ବୁଢ଼ାଲୋକ

ବୁଢ଼ାର କାହାକୁ ଡର ?
ମୃତ୍ୟୁକୁ ତ କେବେ ହେଲେ ନୁହେଁ।
ବୁଢ଼ାଲୋକ ହରିଣ ତା' ବାସସ୍ଥାନ
ବାଣୁଆର ତୀର ଅପହଞ୍ଚ
ଝରଣାର କୂଳେ ଉପବନ।
ବୁଢ଼ା ଲୋକ ରାଜହଂସ, ସର୍ବୋଚ୍ଚ ମେଘର
ଊର୍ଦ୍ଧ୍ୱେ ଅନ୍ତରୀକ୍ଷେ ତା'ର
ଆପଣାର ପସନ୍ଦ ଯୌବନ।

ବୁଢ଼ାର ଆଖିରେ ନାହିଁ
ଲୁହ, ଦୁର୍ବଳ ହାତରେ
ବଜ୍ରପରି ମୁଥାମାରି ବୁଢ଼ା ଚୂନା କଲା
ସବୁ ଶୋକ। ଗୋଟିଏ ମେଘର
ଛାଇପରି ଅନ୍ୟ ଏକ ଉଜ୍ଜ୍ୱଳ ମେଘରେ
ସବୁଶୋକ ଅଶରୀରୀ ବା ଫେରିବାଲାର
ପସରାରେ କେତେ ଭଳି ଜିନିଷ ଯେପରି
ସେପରି ସମସ୍ତ ଶୋକ
ଇଚ୍ଛାକଲେ ଫିଙ୍ଗି ଦେଇପାର।

ବୁଢ଼ା ଆଜି ପଡ଼ିଅଛି
ଚକ୍ରାନ୍ତ ଭିତରେ,
ସାଙ୍ଗସାଥୀ ନାହାନ୍ତି ଓ
ଏପରିକି ସର୍କାରୀ ନଥିରେ
ବୁଢ଼ାର ବୟସ ଜମା ଛତିଶ, ବୁଢ଼ାକୁ
ଦୋକାନୀ ଦିଅନ୍ତି ବାକୀ, ସାର୍ଟିଫିକେଟ୍‌ରେ
ଟୀକା ଦିଆ ନାଆଁ ଲେଖେ ସୂର୍ଯ୍ୟାସ୍ତେ ଯାହାକୁ
ଓଦାମାଟି ଢାଙ୍କିଦିଏ ସସ୍ନେହ କବରେ।

ବୁଢ଼ା କିଛି କହେ ନାହିଁ, ଦୃଷ୍ଟି ତା'ର ବୁଲେ
ଏକୁଟିଆ ଛେଳିପରି ଛେଳି ଜଗାଳିକୁ
ବାଘ ଖାଇ ଯିବାପରେ, ନିଭୃତତା ତା'ର
ଅଗମ୍ୟ ଜଙ୍ଗଲ ସେଠି କଦବା କେମିତି
ପତ୍ରଙ୍କର ଶୀର୍ ଶୀର୍ ରୁଗ୍‌ଣ ପବନରେ
କ'ଣ ବା କହନ୍ତା ବୁଢ଼ା ?
ପାକୁଆ ପାଟିରେ
ଶବ୍ଦ ସବୁ ସଢ଼ିଗଲେ ଖିନ୍ ଭିନ୍ ଆତ୍ମୀୟ ଭାବର
ଅନାସକ୍ତ ବ୍ରାହ୍ମ ମୁହୂର୍ତ୍ତରେ।

ପୃଷ୍ଠବନ୍ଧ

'ସନ୍ଦିଗ୍ଧ ମୃଗୟା' ମୋର ତୃତୀୟ କବିତା ସଙ୍କଳନ ଓ ଏହା ମୋର ତୃତୀୟ ପୃଷ୍ଠବନ୍ଧ। ଏହାକୁ ଲେଖିବି କି ନାହିଁ ଏ ବିଷୟରେ ଶେଷ ପର୍ଯ୍ୟନ୍ତ କୌଣସି ନିଷ୍ପତ୍ତି ନେବା ମୋ ପକ୍ଷରେ ସହଜ ହୋଇ ନ ଥିଲା। ଅନେକ ସମୟରେ ପୃଷ୍ଠବନ୍ଧ ଲେଖିବାଟାହିଁ ପ୍ରତିକୂଳ ସମାଲୋଚନାର ବିଷୟବସ୍ତୁ ହୋଇଛି ସତେ ଯେପରି ବକ୍ତବ୍ୟର ମୂଲ୍ୟ ବହିର ଆରମ୍ଭରେ ବା ଶେଷରେ ରହିବା ଉପରେ ନିର୍ଭର କରେ। କିନ୍ତୁ ଏ ପୃଷ୍ଠବନ୍ଧରେ ନିଜର କବିତାର ପ୍ରଶସ୍ତି ନାହିଁ, ଅଛି କେବଳ କବିତା ସମ୍ବନ୍ଧରେ କେତୋଟି ସାଧାରଣ ଟିପ୍ପଣୀ। ଯଦି ତାହା ପ୍ରଣିଧାନଯୋଗ୍ୟ ମୁଁ କାହିଁକି ତାକୁ ଦେବାରୁ ବଞ୍ଚିତ ହେବି ତାହା ମୋ ପକ୍ଷରେ ବୁଝିବା ଦୁରୂହ। ଯଦି ଏହା ଅବାନ୍ତର ତେବେ ତଦ୍ଦ୍ୱାରା ଏପରି କିଛି କ୍ଷତି ହେଉନାହିଁ ଯାହା ମୋର କବିତା ନ କରିଛି।

ଏ ଟିପ୍ପଣୀ ଅବଶ୍ୟ ଆଧୁନିକ କବିତା ସମ୍ପର୍କରେ, ତେବେ ପ୍ରଥମରୁ କହି ରଖିବା ଉଚିତ ହେବ ଯେ ଆଧୁନିକ କବିତା ଯେପରି ସାହିତ୍ୟର ଏକ ନିର୍ଦ୍ଦିଷ୍ଟ ବିଭାଗ ରୂପେ କ୍ରମଶଃ ଗଢ଼ି ଉଠୁଛି ତାହା ପ୍ରୀତିକର ନୁହେଁ। ଏହା ପାରମ୍ପରିକ କାବ୍ୟ ବିଭାଗର ବହିର୍ଭୂତ ହେବାକୁ ବସିଲାଣି ସତେ ଯେପରି କାବ୍ୟିକ ଆବେଗକୁ ଛାଡ଼ିଦେଲେ ଏହାର ଏକ ସ୍ୱତନ୍ତ୍ର ଭିତ୍ତି ଅଛି। ପ୍ରତ୍ୟେକ ଯୁଗର କବିତା ସେହି ଯୁଗ ପାଇଁ ଆଧୁନିକ ଏବଂ ସେହି ଯୁଗର ଦୃଷ୍ଟିରେ ପୂର୍ବବର୍ତ୍ତୀ ଯୁଗର କବିତା ଗତାନୁଗତିକ। ଆଜି ଯେଉଁ କବିତା ଲେଖାଯାଉଛି ତାହା ସୁତରାଂ ଆଧୁନିକ ହେବାକୁ ବାଧ୍ୟ, ମାତ୍ର ଏ ଆଧୁନିକତା କୌଣସି ଉଲ୍ଲେଖଯୋଗ୍ୟ କୃତିତ୍ୱ ବା ଅସାଧାରଣ ସାଫଲ୍ୟ ସୂଚାଏ ନାହିଁ। ଆଧୁନିକ କବିତା ସମ୍ବନ୍ଧୀୟ ଅଧିକାଂଶ ମନ୍ତବ୍ୟରେ ତା'ର ଏକ ନିର୍ଦ୍ଦିଷ୍ଟ ଗୁଣାତ୍ମକ ଅସ୍ତିତ୍ୱ ଓ ସେ ଅସ୍ତିତ୍ୱର, ଆପେକ୍ଷିକ ଉତ୍କର୍ଷ ଧରି ନିଆଯାଇଥାଏ। ଏ ଦୃଷ୍ଟିଭଙ୍ଗୀ ପ୍ରତି ମୋର କୌଣସି ସହାନୁଭୂତି

ନାହିଁ ଯେହେତୁ ରଚନାକାଳ ସାହିତ୍ୟିକ ବିଚାର ପାଇଁ ଏକ ଅନୁପଯୁକ୍ତ ଓ ପ୍ରବଞ୍ଚନାପୂର୍ଣ୍ଣ ମାନଦଣ୍ଡ ।

ଏକ ପକ୍ଷରେ ବିଜ୍ଞାନ ଓ କାରିଗରୀ ବିଦ୍ୟା ଏବଂ ଅନ୍ୟପକ୍ଷରେ କଳା ଭିତରେ ଏହାହିଁ ମୌଳିକ ପାର୍ଥକ୍ୟ । ପ୍ରତ୍ୟେକ ଉଲ୍ଲେଖଯୋଗ୍ୟ ବୈଜ୍ଞାନିକ ଅବଦାନ ତଦାନୀନ୍ତନ ଜ୍ଞାନର ପରିମାଣ ବଢ଼ାଏ, ତା'ର ପରିସର ବ୍ୟାପ୍ତ କରେ । କୌଣସି କଳା କ୍ଷେତ୍ରରେ ତତ୍ତୁଲ୍ୟ ଗୁରୁତ୍ୱପୂର୍ଣ୍ଣ ଅବଦାନ ଏକ ନୂତନ ଚିନ୍ତାଧାରା ବା ଭାବୋଚ୍ଛ୍ୱାସ ଦେଇ ନ ପାରେ, କିନ୍ତୁ ତାହା ନିଜର ଅଭିଜ୍ଞତାକୁ ସ୍ପଷ୍ଟତର କରେ ଓ ଯାହା ଅବସ୍ଥିତ ତାକୁ ଉପଲବ୍ଧି କରିବା ଦିଗରେ କଳ୍ପନାଶକ୍ତିକୁ ବଳବତ୍ତର କରେ । ଏ ପାର୍ଥକ୍ୟ ମୂଳରୁ ଅଛି, ସୁତରାଂ କବିତାର ରଚନାକାଳ ପରିବର୍ତ୍ତେ ଆମକୁ ଅନ୍ୟକିଛି ନିର୍ଦ୍ଦିଷ୍ଟ କରିବାକୁ ହେବ ଯାହା ଥିଲେ କବିତା ସଫଳ ହୁଏ ଏବଂ ଯାହା ନ ଥିଲେ ତାହା ବିଫଳ ହୁଏ । ଏ ଗୁଣ କୌଣସି ନିର୍ଦ୍ଦିଷ୍ଟ ସମୟର ଅନୁଗତ ନୁହେଁ ଏବଂ ବିଭିନ୍ନ ସମୟରେ ବିଭିନ୍ନ କବିଙ୍କଠାରେ ପରିଦୃଷ୍ଟ ହୁଏ । ତା' ନ ହୋଇଥିଲେ ଉପନିଷଦ୍ ବା ଗ୍ରୀକ୍ ଟ୍ରାଜେଡିର କାବ୍ୟିକ ଆବେଗ ଆଜି ଅକାମୀ ହୋଇଯାଇଥାନ୍ତା, ଯେପରି ପ୍ରସ୍ତର ଯୁଗରେ ନିଆଁ ଜଳାଇବାର ପଦ୍ଧତି, ଯେପରି ଅନ୍ୟାନ୍ୟ ଅନେକ କାରିଗରୀ କୌଶଳ । ଏ ଗୁଣ ନିଶ୍ଚୟ ଶୈଳୀସର୍ବସ୍ୱ ନୁହେଁ ଯେହେତୁ ଶୈଳୀ ସମସାମୟିକ ଭାଷାକୁ ଅନୁସରଣ କରିବ । ଆଜି ଅବଶ୍ୟ ଚୋଖି ବା ବଙ୍ଗଳାଶ୍ରୀ ରାଗରେ କବିତା ଲେଖିବା ଗ୍ରହଣୀୟ ହେବ ନାହିଁ, କିନ୍ତୁ ଆପଣ ଯତିପାତ ନ ରଖି କବିତା ଲେଖୁଛନ୍ତି କେବଳ ଏତିକି ଆପଣଙ୍କର କବିତ୍ୱ ଜାହିର୍ କରି ପାରିବ ନାହିଁ । ମୋର ବ୍ୟକ୍ତିଗତ ମତ ଏହା ଯେ ଯତିପାତ କବିତାର ସଂଗଠନ ଓ ଆଙ୍ଗିକ ସଂହତି ପାଇଁ ଖୁବ୍ ଆବଶ୍ୟକ ଏବଂ ଏହାକୁ କେବଳ ସେପରି କବି ଛାଡ଼ିଦେଇ ପାରିବେ ଭାଷା ଉପରେ ଯାହାଙ୍କର ଦଖଲ ଖୁବ୍ ପରିପକ୍ୱ ଓ ଅପରିସୀମ । କେବଳ ସେ ହିଁ ଯତିପାତଦ୍ୱାରା ସମ୍ଭବ ଶୃଙ୍ଖଳା ଯତିପାତ ବ୍ୟତିରେକେ ମଧ୍ୟ ରଖିପାରିବେ ।

ଆଧୁନିକ ଭାରତୀୟ ଭାଷାମାନଙ୍କର ପଦ୍ୟ ସାହିତ୍ୟ ମାତ୍ରାଛନ୍ଦ ବା ଅକ୍ଷରଛନ୍ଦ ବା ଏ ଦୁଇଟିଯାକ ଛନ୍ଦଦ୍ୱାରା ନିୟନ୍ତ୍ରିତ । କେବଳ ଓଡ଼ିଆ ଭାଷା କଥା କୁହାଯାଉ, ଯେଉଁଠି ମାତ୍ରାଛନ୍ଦ ବ୍ୟବହୃତ ହୋଇଛି ତାହା ପରିଶେଷରେ ଅକ୍ଷରଛନ୍ଦର ଏକ ସହାୟକ ଭାବରେ କାମ କରିଛି, ଅର୍ଥାତ୍ ମାତ୍ରାଛନ୍ଦ ନିୟମାନୁଯାୟୀ ପାଦମାନଙ୍କରେ ଅକ୍ଷରସଂଖ୍ୟା କମ୍‌ବେଶୀ କରି ଦିଆଯାଏ ଯେପରି କି ଗୁରୁବର୍ଣ୍ଣମାନଙ୍କୁ ଦୁଇଟି ବର୍ଣ୍ଣ ରୂପେ ଉଚ୍ଚାରଣ କରାଯିବ ଏବଂ ଏପରି ପ୍ରତ୍ୟେକ ବର୍ଣ୍ଣକୁ ବାସ୍ତବିକ ଦୁଇଟି ବର୍ଣ୍ଣ ରୂପେ ଗଣାଯିବ, ଯଥା–

(୧) ମଣିଷ ଭିତରେ ଧାର୍ମିକ ବୋଲି ଶୁଣିଲି ଯାହାର ନାମ (୧୯ ବର୍ଣ୍ଣ)
ବଳିଲା ବାସନା ନିକଟକୁ ଯାଇ ଦେଖିବା ପାଇଁ ତା କାମ। (୨୦ ବର୍ଣ୍ଣ)
(ଯାଦୁଘର- କାଳିନ୍ଦୀଚରଣ ପାଣିଗ୍ରାହୀ)

(୨) ଧୂଳିଘର ଛାଡ଼ି ଏପଥେ ଚଳଇ (୧୨ ବର୍ଣ୍ଣ)
ଶାଶୁଘର ଗାଆଁ ଝୁଅ (୮ ବର୍ଣ୍ଣ)
ମାଆର ପଣତେ ବନ୍ୟା ରଚଇ (୧୧ ବର୍ଷ)
ଅମାନିଆ ଆଖି ଲୁହ। (୮ ବର୍ଣ୍ଣ)
(ଗ୍ରାମପଥ - ବିନୋଦଚନ୍ଦ୍ର ନାୟକ)

ପ୍ରଥମ ଉଦାହରଣରେ ପ୍ରଥମ ଓ ଦ୍ୱିତୀୟ ପାଦର ଅକ୍ଷର ସଂଖ୍ୟାରେ ତାରତମ୍ୟ ପ୍ରଥମ ପାଦର ଗୁରୁବର୍ଣ୍ଣ (ଧାର୍ମିକ) ଯୋଗୁଁ ଘଟିଅଛି ଏବଂ ଏହାକୁ ଦୁଇଟି ବର୍ଣ୍ଣ ରୂପେ ଗ୍ରହଣ କଲେ ପଙ୍କ୍ତିଟି ଅକ୍ଷରଛନ୍ଦବିଶିଷ୍ଟ, ବୋଲି କୁହାଯାଇ ପାରିବ। ଦ୍ୱିତୀୟ ଉଦାହରଣରେ ପ୍ରଥମ ଓ ତୃତୀୟ ପାଦର ଅକ୍ଷରସଂଖ୍ୟାରେ ପ୍ରଭେଦ ଏହିପରି ଗୋଟିଏ ଗୁରୁବର୍ଣ୍ଣ (ବନ୍ୟା) ଯୋଗୁଁ, ଏବଂ ଏହା ମଧ୍ୟ ବାସ୍ତବିକ ଅକ୍ଷରଛନ୍ଦ। ଓଡ଼ିଆ ଭାଷାରେ ନାନାଦି କାରଣରୁ ଅକ୍ଷରଛନ୍ଦ ହିଁ ସାଧାରଣତଃ ବ୍ୟବହୃତ ହୋଇ ଆସିଛି। ଉଚ୍ଚାରଣ ଅନୁସାରେ ଛନ୍ଦ ନିୟନ୍ତ୍ରିତ ହେଉ ନ ଥିବାରୁ ଯତିପାତ ଜରିଆରେ ପାଦମାନଙ୍କର ବିଶ୍ରାମ ନିର୍ଦ୍ଦିଷ୍ଟ କରିବା ସ୍ୱାଭାବିକ ଏବଂ କବିତାଟି ସମୁଦାୟ ଭାବରେ ତଥା ପ୍ରତ୍ୟେକ ପାଦରେ ଏପରି ନିୟମର ବଶବର୍ତ୍ତୀ ବା ଅନ୍ତତଃ ସମୀପବର୍ତ୍ତୀ ହେବାଦ୍ୱାରା ତା'ର ସଂଗଠନ ସଂଯତ ହୋଇଥାଏ ଓ ତା'ର ଭାଷାରେ ଛନ୍ଦର ସୃଷ୍ଟି ହୋଇଥାଏ। ଆକ୍ଷରିକ ଅର୍ଥରେ ମଧ୍ୟ ଛନ୍ଦ ହେଉଛି ବନ୍ଧନ, ଶୃଙ୍ଖଳ, ଆବଦ୍ଧ କରିବାର ଉପାୟ।

କିନ୍ତୁ ନା ଯତିପାତ ନା ତା'ର ଅନୁପସ୍ଥିତି କବିତାର ଆତ୍ମା ନୁହେଁ ଓ ନିର୍ଦ୍ଦିଷ୍ଟ ବ୍ୟବଧାନ ପରେ ପରସ୍ପର ସହିତ ଶେଷ ଅକ୍ଷରରେ ମେଳ ଖାଉଥିବା ବାକ୍ୟ ବା ଖଣ୍ଡବାକ୍ୟମାନଙ୍କଠାରୁ କବିତା ବୃହତ୍ତର। ସେପରି ବାକ୍ୟମାନଙ୍କ ଭିତରେ ଯଦି ଦୈବାତ୍ ମେଳ ନ ଖାଉଥିବା ପ୍ରାନ୍ତ ଶବ୍ଦଟିଏ ରହିଯାଇଥାଏ ତେବେ ସେ ଗୋଟିଏ ଆକୁଳ ହଜିଲା ପିଲାପରି ଚାରିଆଡ଼କୁ ଚାହୁଁଥାଏ କାଳେ କୌଣସି ପରିଚିତ ଲୋକ ସହିତ ଦେଖା ହୋଇଯିବ ଯାହା ହାତଧରି ଗହଳି ଭିତରେ ସେ ଚାଲିଯାଇ ପାରିବ। ଏପରି କେତେକ କବିତା ଅଛି ଯେଉଁଥିରେ ପରସ୍ପର ଅନୁବର୍ତ୍ତୀ ଦୁଇଟି ଧାଡ଼ି ହଠାତ୍ ମେଳ ନଖାଇ ପାରି କିଛି ସମୟ କାକୁସ୍ଥ ନିର୍ଜନତାରେ ହନ୍ତସନ୍ତ ହେବାପରେ ହଠାତ୍ ନିଜର କୌଣସି ଆତ୍ମୀୟକୁ ଆବିଷ୍କାର କରି ତା' ହାତଧରି ଚାଲିଯାନ୍ତି। କବିତା ବିଷୟରେ କବିମାନଙ୍କର ଗାମ୍ଭୀର୍ଯ୍ୟପୂର୍ଣ୍ଣ ଉକ୍ତି ଓ ତା'ଠାରୁ ବେଶୀ ଗାମ୍ଭୀର୍ଯ୍ୟପୂର୍ଣ୍ଣ ସେମାନଙ୍କର

ନୀରବତାର ସମ୍ମୋହନ ମୋ ଉପରୁ କଟି ଆସିବା ବେଳକୁ ଏ ମିଳନାନ୍ତ ବିଚ୍ଛେଦର ସଂଖ୍ୟାବହୁଳତା ଦେଖି ମୁଁ ସନ୍ଦେହ କଲି ଯେ ବିଚ୍ଛେଦର କ୍ଳେଶ କୃତ୍ରିମ ଏବଂ ସମ୍ଭବତଃ ପୂର୍ବ ପରିକଳ୍ପିତ। ସତକୁ ସତ ସେ ବି ଗୋଟାଏ କାବ୍ୟକୌଶଳ ଥିଲା ଏବଂ ପ୍ରଥମରୁ କେତୋଟି ଅନାଥ ଧାଡ଼ିଙ୍କୁ ଛାଡ଼ିଦେଇ ସେମାନଙ୍କର ଅନୁତପ୍ତ ପିତାମାତାଙ୍କୁ ତୃତୀୟ ବା ତତ୍‌ପରବର୍ତ୍ତୀ ଧାଡ଼ିରେ ଜୁଟାଇଦେବା ସେ କୌଶଳର ମୌଳିକତା ଥିଲା। ସୁତରାଂ ଯେଉଁ କବି ପାଖରେ ମେଳ ଖାଉଥିବା ଶବ୍ଦମାନଙ୍କର ସଂଖ୍ୟା ଯେତେ ବେଶୀ ତା'ର ସାଫଲ୍ୟ ସେହି ପରିମାଣରେ ସହଜସାଧ୍ୟ। ବାକି ଚିନ୍ତା ବା କବିତାର ବିଷୟବସ୍ତୁ- ତାହା ଅବଶ୍ୟ ଗୌଣ ନୁହେଁ, ମାତ୍ର ଦିନେ ନା ଦିନେ ମଣିଷ ମୃତ୍ୟୁକୁ ଭେଟିଲା ପରି ତାକୁ ଯତିପାତର ସାମ୍ନା ହେବାକୁ ପଡ଼ିବ। ତା'ର ଅଭିବୃଦ୍ଧି ଧାଡ଼ିର ଶେଷ ଶବ୍ଦ ପୂର୍ବରୁ ବନ୍ଦ ହେବାକୁ ବାଧ୍ୟ ଏବଂ ତା'ପରେ ଯେଉଁ ଶବ୍ଦ ଆସିବ ପୂର୍ବବର୍ତ୍ତୀ ଭାବର ସଂଗତି ରକ୍ଷା କରିବା ତା'ର ଅନୁକମ୍ପା ମାତ୍ର, ତା'ର ଅସଲ ଲକ୍ଷ୍ୟ ଗୋଟିଏ ସୁଦୂର ଧାଡ଼ିର ଶେଷ ଶବ୍ଦ ଉପରେ। ଉଦାହରଣ –

> ମୋ ସାଙ୍ଗରେ ଘୋଷୁଥିଲେ ହ୍ରସ୍ୱ ଇ ଦୀର୍ଘ ଈ
> କିମ୍ବା (ଏକ ଉପର ଶ୍ରେଣୀରେ)
> ମାନସାଙ୍କ କରୁଥିଲେ ଭଣ୍ଡାରିର ପୁଅ,
> ଧୋବା ପୁଅ, ପଣ୍ଡା ପୁଅ। କି ଲାଭ ଏ କ୍ଷଣିକ ସାମ୍ୟରେ ?
> ଭଣ୍ଡାରିର ପୁଅ ଦିନେ କ୍ଷିଅର କରିବ,
> ଧୋବାପୁଅ ଲୁଗା ନେବ, ପ୍ରତ୍ୟେକ ସନ୍ଧ୍ୟାରେ
> ପଣ୍ଡାପୁଅ ଦେଉଳରେ ଆଳତି କରିବ।
> ସମସ୍ତେ ଚାଲନ୍ତି ନିଜ ନିଜ ଭାଗ୍ୟ ନେଇ।
> ସକଳ ପ୍ରସ୍ତୁତି ତେଣୁ ମୂଲ୍ୟହୀନ, ହୁଏତ ମୋ ପୁଅ
> ପାଠପଢ଼େ ମୋର ସହପାଠୀଙ୍କର ପୁଅଙ୍କ ସାଙ୍ଗରେ।

ଏହା ବାଲ୍ୟକାଳର କେତୋଟି ଘଟଣାର ବର୍ଣ୍ଣନା ହୋଇ ଥିବାରୁ ଆମେ ଅନ୍ତତଃ ଆଶା କରିବା ଯେ କବିଙ୍କର ବକ୍ତବ୍ୟ ଠିକେ ଠିକେ ଉପସ୍ଥାପିତ କରାଯିବ ଏବଂ ପଙ୍‌କ୍ତିର ଶେଷ ଭାଗରେ ସୂଚିତ ଦାର୍ଶନିକତା ପୂର୍ବବର୍ତ୍ତୀ ଘଟଣାମାନଙ୍କର ପର୍ଯ୍ୟାଲୋଚନାରୁ ଆପେ ଆପେ ପ୍ରତିଭାତ ହେବ। କିନ୍ତୁ କି ବିପର୍ଯ୍ୟୟ ! କବି ନିଶ୍ଚୟ ଇ, ଈରୁ ପାଠପଢ଼ା ଆରମ୍ଭ କରି ନ ଥିଲେ ଏବଂ ଯଦି ଅ, ଆରୁ ଆରମ୍ଭ କରିଥିଲେ, ତେବେ ସେ ବିଷୟରେ ନୀରବ ରହିବା ଅର୍ଥ ସତ୍ୟର ଅପଳାପ ନୁହେଁ କି ? କିନ୍ତୁ ଅଷ୍ଟମ ଧାଡ଼ିର ଇ-ପ୍ରତ୍ୟନ୍ତ ଦାର୍ଶନିକତା କୋଠା ଉପରେ ନିରୋଳା କିଶୋରୀଟିଏ ପରି

ଠିଆ ହୋଇଛି ଏବଂ ସେହି ଆଢ଼ୁକୁ ପ୍ରଥମ ଧାଡ଼ି ଯିବାର ହିଁ ଯିବ - ଶିକ୍ଷା କ୍ଷେତ୍ରରେ ପରିସ୍ଥିତି ଯାହା ହେଉନା କାହିଁକି। ତା'ଛଡ଼ା ଶ୍ରେଣୀରେ ମାତ୍ର ଚାରିଜଣ ଛାତ୍ର ନ ଥିଲେ (ତା' ହୋଇଥିଲେ ବିଦ୍ୟାଳୟକୁ ବନ୍ଦ କରି ଦିଆ ଯାଇଥାନ୍ତା ଏବଂ 'ଏକ ଉପର ଶ୍ରେଣୀ'ର ପ୍ରଶ୍ନ ଉଠି ନ ଥାନ୍ତା), ଏବଂ କବି ଅନ୍ୟାନ୍ୟ ଛାତ୍ରମାନଙ୍କ କଥା କହିଲେ ନାହିଁ କାହିଁକି ? ସେମାନଙ୍କ କଥା କହିଥିଲେ ଯେ 'ସମସ୍ତେ ଚାଲନ୍ତି ନିଜ ନିଜ ଭାଗ୍ୟନେଇ' ଏବଂ 'ସକଳ ପ୍ରସ୍ତୁତି... ମୂଲ୍ୟହୀନ' ପରି ସତ୍ୟ ପ୍ରତିପାଦନ କରି ନ ହୋଇଥାନ୍ତା ଏପରି ନୁହେଁ, କିନ୍ତୁ ସେପରି କରିବାକୁ ହେଲେ ଦଶଧାଡ଼ି ଭିତରେ ଶବ୍ଦମାନଙ୍କର ପରସ୍ପରକୁ ଖୋଜି ପାଇବାର ଗୁପ୍ତ ବୁଝାମଣାକୁ ଭାଙ୍ଗିବାକୁ ହେବ ଏବଂ ତାହା କଥାରେ କହିବା ଯେତେ ସହଜ କାମରେ କରିବା ସେତେ ନୁହେଁ, ସୁତରାଂ କବିତାର ଭାବଧାରା ଅପେକ୍ଷାକୃତ ଖର୍ବକାୟ ଏବଂ ପାଠକକୁ ଅନେକ ଅର୍ଦ୍ଧସତ୍ୟ ଓ ଅସତ୍ୟ ବରଦାସ୍ତ କରିବାକୁ ହେବ, ନବମ ଓ ଦଶମ ଧାଡ଼ିରେ କବିଙ୍କର ସନ୍ଦେହ କାହା ପ୍ରତି ? ସେ ସନ୍ଦେହ ତାଙ୍କର ପୁଅର ମନଯୋଗପୂର୍ବକ ପଢ଼ିବା ପ୍ରତି ହୋଇପାରେ, ତା'ର ସହପାଠୀମାନେ କିଏ ବୋଲି ମଧ୍ୟ ହୋଇପାରେ (ତା' ସହିତ ଆଜିର ଭଣ୍ଡାରିପୁଅ, ଧୋବାପୁଅ ଓ ପଣ୍ଡାପୁଅ ପଢୁ ନ ଥିବା ବି ସମ୍ଭବ; ସେମାନଙ୍କର ପିତାମାନଙ୍କର ଅଭିଜ୍ଞତା ତାଙ୍କୁ ପାଠପଢ଼ାରୁ ନିବୃତ୍ତ କରି ଥିବା ସ୍ୱାଭାବିକ)। ଏ ତ ଗଲା ଅର୍ଦ୍ଧସତ୍ୟର ଉଦାହରଣ, ବାକୀ ଅସତ୍ୟର ଉଦାହରଣ। ଆମେ ନିର୍ଦ୍ଦିଷ୍ଟ ଭାବେ ଜାଣୁ କବି ଅପୁତ୍ରକ, କିନ୍ତୁ କେବଳ ଯତିପାତ ରକ୍ଷା କରିବା ପାଇଁ ସେ ନିଜକୁ ଏକ ଅନୁପସ୍ଥିତ ପିତୃତ୍ୱରେ ଅଳଙ୍କୃତ କରିଛନ୍ତି। ଯଦି ଦୁର୍ଭାଗ୍ୟବଶତଃ ଏ ପଙ୍କ୍ତିରେ ଆଉ ଦୁଇଟି ଧାଡ଼ି ଥାନ୍ତା ସେ ନିଜକୁ କ'ଣ କରିଥାନ୍ତେ କେଜାଣି !

ଏଠାରେ ସନ୍ଦେହ ଉପୁଜିବା ସ୍ୱାଭାବିକ ଯେ ଉପରୋକ୍ତ ଉଦାହରଣଟି ଉପରୋକ୍ତ ବକ୍ତବ୍ୟକୁ ଚାହିଁ ତିଆରି କରାଯାଇଛି। ଯଦି ତାହା ହୁଏ ସନ୍ଦେହୀମାନଙ୍କୁ ଏ ତତ୍ତ୍ୱର ମୁକାବିଲା କରିବାକୁ ହେବ, 'କବିତା ଶକ୍ତିଶାଳୀ ଆବେଗମାନଙ୍କର ସ୍ୱତଃସ୍ଫୂର୍ତ୍ତ ପ୍ରକାଶ (ୱର୍ଡ୍‌ସ୍‌ୱର୍ଥ) ଯଦି ଏ କବିତା ସ୍ୱତଃସ୍ଫୂର୍ତ୍ତ ଆବେଗବିଶିଷ୍ଟ, ତାକୁ ଭାବିଚିନ୍ତି କୌତୂହଳୋଦ୍ଦୀପକ କରାଗଲା କିପରି ?

ମୋର ପୂର୍ବ ବକ୍ତବ୍ୟରୁ ଏହା ସ୍ପଷ୍ଟ ହୋଇଥିବ ଯେ ମୁଁ ଯତିପାତର ବିରୁଦ୍ଧାଚରଣ କରୁନାହିଁ। ମୋର ପ୍ରତିବାଦ ଯତିପାତ-ସର୍ବସ୍ୱ କବିତା ବିରୁଦ୍ଧରେ ଯେହେତୁ ସଂଯତ ଗଠନକୁ ଛାଡ଼ି ଦେଲେ କବିତାରେ ଅନ୍ୟକିଛି ଅଛି ଏବଂ ତା'ର ସଫଳ ଅଭିବ୍ୟକ୍ତି ପାଇଁ ହିଁ ନିୟନ୍ତ୍ରଣ ଆବଶ୍ୟକ (ଏଠାରେ ଆମେ ଆମର ପୂର୍ବପ୍ରଶ୍ନ-ଅର୍ଥାତ୍ କବିତାର ମୂଲ୍ୟାଙ୍କନ ପାଇଁ ଶୈଳୀର ବିଚାର ଯଥେଷ୍ଟ ନୁହେଁ-କୁ ଫେରି ଆସିଲୁ)। ଗ୍ୟେଟେ

ଥରେ କହିଥିଲେ, ‘ଛନ୍ଦ ଏବଂ ଯତିପାତ ଉଭୟେ ସମ୍ମାନାସ୍ପଦ ଯେହେତୁ ତଦ୍ଦ୍ୱାରା କବିତା କବିତା-ପଦବାଚ୍ୟ ହୁଏ, କିନ୍ତୁ ଜଣେ କବିର କବିତାକୁ ଗଦ୍ୟରେ ରୂପାନ୍ତରିତ କରି ସାରିଲା ପରେ ଯାହା ଅବଶିଷ୍ଟ ରହେ ତାହାହିଁ ପ୍ରକୃତରେ ଓ ଗଭୀରଭାବେ ଆମକୁ ସ୍ପର୍ଶ କରେ, ତାହାହିଁ ଆମର ପ୍ରାଣର ଏକତମ ଉପାଦାନ, ତାହାହିଁ ଆମକୁ ଉନ୍ନତ କରେ। ତାହା କ’ଣ ? ତା’ର ସ୍ପଷ୍ଟ ସଂଜ୍ଞା ଦେବା ଅସମ୍ଭବ ଯେହେତୁ ତାହା ନିଜେ ଅସ୍ପଷ୍ଟ। ଏ ଅସ୍ପଷ୍ଟତା ଯେ ଏକ ଦୁର୍ବଳତା ବା ତଦ୍ଦ୍ୱାରା ବାସ୍ତବତା କ୍ଷୁଣ୍ଣ ହୁଏ ତାହା ନୁହେଁ, କିନ୍ତୁ ଏପରି ଅନେକ ଅନୁଭୂତି ଓ ଆବେଗ ଅଛି ଯାହାର ସନ୍ତୋଷଜନକ ଉପସ୍ଥାପନ ପାଇଁ ଆମର ଶବ୍ଦଭଣ୍ଡାର ଯଥେଷ୍ଟ ନୁହେଁ, ଭାଷାର ପ୍ରଚଳିତ ବ୍ୟବହାର-ପଦ୍ଧତି ଅନେକ ଜାଗାରେ ଉପଯୁକ୍ତ ନୁହେଁ। ସେପରି ଅନୁଭୂତି ବା ଆବେଗର ବର୍ଣ୍ଣନା ପାଇଁ ଭାଷାର ଏକ ନୂତନ ଓ ମୌଳିକ ପ୍ରୟୋଗ ଆବଶ୍ୟକ। ପ୍ରତ୍ୟେକ ଶବ୍ଦ ଏକ ନିର୍ଦ୍ଦିଷ୍ଟ ବସ୍ତୁ ବା ଭାବ ବା ଚିନ୍ତାର ପ୍ରତୀକ ଏବଂ ଏହି ପ୍ରତୀକମାନଙ୍କର ଅର୍ଥପୂର୍ଣ୍ଣ କ୍ରମବିନ୍ୟାସ ହିଁ ବାକ୍ୟ। ଏହି କ୍ରମବିନ୍ୟାସ ଏକ ଜଟିଳତରଭାବ ବା ଘଟଣାର ପ୍ରତୀକ, ମାତ୍ର ଅନେକ ଜାଗାରେ ଶବ୍ଦମାନଙ୍କର ସିଧାସଳଖ କ୍ରମବିନ୍ୟାସ ଫଳରେ ନିତ୍ୟନୈମିତ୍ତିକ ଅନୁଭୂତିର ବାହାରେ ଥିବା ପରିସ୍ଥିତିର ବର୍ଣ୍ଣନା କଷ୍ଟସାଧ୍ୟ। ଏପରି ଅନେକ ଆବେଗ ବା ଭାବ ଥାଏ ଯାହା ଅନୁଭୂତ ହେଉଥିଲେ ମଧ୍ୟ ପ୍ରଚଳିତ ଭାଷା ଦ୍ୱାରା ବର୍ଣ୍ଣିତ ହୋଇପାରେ ନାହିଁ ଏବଂ କବିତା ଭାଷାର ଏକ ନୂତନ ପ୍ରୟୋଗଦ୍ୱାରା ସେ ଅବର୍ଣ୍ଣନୀୟ ଅନୁଭୂତିକୁ ବର୍ଣ୍ଣନା କରେ ବା ଅନ୍ତତଃ ତା’ର ନକ୍‌ସା ଆଙ୍କେ। ଏ ପ୍ରୟୋଗରେ ଶବ୍ଦମାନଙ୍କର ପାରମ୍ପରିକ ସୂଚନାର୍ଥ ବଦଳିଯାଏ ନାହିଁ (ସେପରି ହେଲେ ଭାଷା ତା’ର ମୌଳିକ କର୍ତ୍ତବ୍ୟ, ଅର୍ଥାତ୍ ଭାବପ୍ରକାଶ କରିପାରିବ ନାହିଁ), ମାତ୍ର ପ୍ରତ୍ୟେକ ଶବ୍ଦର ଗୃହୀତ ସୂଚନାର୍ଥକୁ ନ ଭାଙ୍ଗି ଶବ୍ଦମାନଙ୍କର ଏପରି ଏକ କ୍ରମବିନ୍ୟାସ କରାଯାଏ ଯଦ୍ଦ୍ୱାରା ଏକ ପରିବେଶର ସୃଷ୍ଟି ହୁଏ। ଏହି ସମୁଦାୟ ପରିବେଶ ସହିତ ଶବ୍ଦାର୍ଥର ପ୍ରତିକ୍ରିୟା ଦ୍ୱାରା ଏପରି ଆବେଗ ବା ଅନୁଭୂତିର ଧାରଣା ଦେବା ସମ୍ଭବ। ଏପରି ଅନୁଭୂତିର ବର୍ଣ୍ଣନା ଓ ଭଷାର ଏପରି ପ୍ରୟୋଗ କବିତାର ପ୍ରଧାନ ଲକ୍ଷ୍ୟ।

ତଳେ ରବର୍ଟ୍ ଫ୍ରଷ୍ଟ୍‌ଙ୍କର ଗୋଟିଏ କବିତାରୁ ପ୍ରଥମ ପଙ୍କ୍ତି ଉଦ୍ଧାର କରାଗଲା ଯେଉଁଥିରୁ ଏ ଅନୁଭୂତି କି ପ୍ରକାରର ଓ ତା’ର ଅଭିବ୍ୟକ୍ତି ପାଇଁ ଭାଷା କିପରି ବ୍ୟବହାର କରାଯାଏ ସେ ସମ୍ବନ୍ଧରେ କିଛି ଧାରଣା ମିଳିପାରିବ।

When I was just as far as I could walk
From here today
There was an hour
All still

When leaning my head against a flower
I heard you talk.
Don't say I didn't, for I heard you say -
You spoke from that flower on the window sill-
Do you remember what it was you said?

(The Telephone)

ଏଠାରେ ପ୍ରେମିକ ଓ ପ୍ରେମିକାଙ୍କର ମିଳନ ପାଇଁ ନୀରବ ଈପ୍‌ସା ରୂପାୟିତ ହୋଇଛି ଏବଂ ପ୍ରେମିକ କଳ୍ପନା କରୁଛି ଯେ ପ୍ରେମିକ ମଧ୍ୟ ତା' ପରି ବ୍ୟାକୁଳ। ଏକଥା ମଧ୍ୟ ସ୍ପଷ୍ଟ ଯେ ପ୍ରେମିକା ତା'ର ବ୍ୟଗ୍ରତା ପ୍ରକାଶ କରିନାହିଁ, କିନ୍ତୁ ପ୍ରେମିକ ନିଃସନ୍ଦେହ ଯେ ପ୍ରକାଶ ନ କଲେ ମଧ୍ୟ ପ୍ରେମିକାର ବ୍ୟଗ୍ରତା ଊଣା ନୁହେଁ। ପ୍ରେମିକା ବାସ୍ତବିକ ବ୍ୟଗ୍ର କି ନୁହେଁ ତାହା ବାସ୍ତବିକ ଗୁରୁତ୍ୱପୂର୍ଣ୍ଣ ନୁହେଁ, ଗୁରୁତ୍ୱପୂର୍ଣ୍ଣ ହେଉଛି ପ୍ରେମିକର ଏ ନିଃସନ୍ଦେହ ପ୍ରତ୍ୟୟ ଯାହାର ଅଭିବ୍ୟକ୍ତି ହୋଇଛି ଦୁଇ ପ୍ରାନ୍ତରେ ଥିବା ଦୁଇଟି ଫୁଲ ଟେଲିଫୋନ୍ ପରି କାମ କରିବା କଳ୍ପନାରେ। ଫୁଲର ଏ ପ୍ରକାର ଦକ୍ଷତା ଅବଶ୍ୟ ନାହିଁ, କିନ୍ତୁ ତାହା କଳ୍ପନା କରିବାଦ୍ୱାରା ଏକ ପରିବେଶର ସୃଷ୍ଟି ହେଉଛି ଯେଉଁଠି ପ୍ରେମପୂର୍ଣ୍ଣ ବ୍ୟଗ୍ରତାର ଆଭାସ ସ୍ପଷ୍ଟତର ହେଉଛି। ସେହିପରି ସଚ୍ଚିଦାନନ୍ଦ ରାଉତରାୟଙ୍କର

ଗୋଟିଏ ବିରହ ଆଗେ
ଝରଝର ସପନର କରୁଣ ବେହାଗେ
ସେ କିଆଁ ହଠାତ୍ ଆସି ଛିଡ଼ାହେଲା ଆଗେ।
ଭୋରର ପାହାଚେ ଥାପି ଏକ ଥରା ପାଦ,
ଅନ୍ୟ ପାଦ ରାତି ଶେଷ ଭାଗେ।

(ଗୋଟିଏ ବିରହ ଆଗେ)

ଯେଉଁଥିରେ ଗୋଟିଏ ବ୍ୟକ୍ତିର ଦୁଇଟି ପୃଥକ୍ ସମୟରେ ଅବସ୍ଥିତିର ଆପାତତଃ ଉଦ୍ଭଟ କଳ୍ପନା ଦ୍ୱାରା ତା'ର ନିରବଚ୍ଛିନ୍ନ ଓ ହତଭାଗ୍ୟ ଅସ୍ତିତ୍ୱ ପ୍ରକଟିତ ହେଉଛି। ଏହି ଉଦାହରଣର ଶେଷ ଦୁଇଧାଡ଼ିରେ ଗୋଟିଏ ପରିବେଶର ସୃଷ୍ଟି ହେଉଛି, ଯଦ୍ୱାରା ସେ ଅସ୍ତିତ୍ୱର ବ୍ୟାପକତା ପ୍ରାଞ୍ଜଳତର ହେଉଛି।

ଅତଏବ କବିତାର ଶୈଳୀ ବା କୌଣସି ନିର୍ଦ୍ଦିଷ୍ଟ ଆଙ୍ଗିକର ପରୀକ୍ଷା ସ୍ୱୟଂସମ୍ପୂର୍ଣ୍ଣ ଓ ନିଜଗୁଣରେ ପ୍ରଶଂସନୀୟ ନୁହେଁ। ତାହା କବିତାର ବକ୍ତବ୍ୟର ସଫଳ ଅଭିବ୍ୟକ୍ତିରେ ସାର୍ଥକ ହୁଏ ଏବଂ ଭାବାର୍ଥର ଆବେଗପୂର୍ଣ୍ଣ ଉପଲବ୍ଧିରେ ତା'ର ସତ୍ତା ଲୀନ ହୋଇଯାଏ। ଏହାର ଓଲଟା କଥା କରାଯାଇ ପାରିବ ନାହିଁ, ଅର୍ଥାତ୍ ଶୈଳୀର ଦ୍ୱାହି

ଦେଇ କବିତାର ସାର୍ଥକତା ପ୍ରତିପାଦନ କରି ହେବ ନାହିଁ [୧]। କେତୋଟି ନିର୍ଦ୍ଦିଷ୍ଟ କୌଶଳର ବାରମ୍ବାର ବ୍ୟବହାରକୁ ସାର୍ଥକ କବିତାଠାରୁ ଅଭିନ୍ନ ବା ବୃହତ୍ତର ବୋଲି ଗ୍ରହଣ କରାଯାଇ ପାରିବ ନାହିଁ ଯେହେତୁ କବିତାର ସାର୍ଥକତା ବକ୍ତବ୍ୟର ପ୍ରକାଶରେ ଭାଷାର ପାରଙ୍ଗମତାରେ ନିହିତ। କେତେବେଳେ ଭାଷା ଦୈନନ୍ଦିନ ଭାଷାପରି, ବାଚ୍ୟାର୍ଥ ପ୍ରକାଶ କରେ (ଅର୍ଥାତ୍ ବାକ୍ୟର ପ୍ରତ୍ୟେକ ଶବ୍ଦଦ୍ୱାରା ସୂଚିତ ଅର୍ଥର ମିଶାଣଫଳ ବାକ୍ୟର ଅର୍ଥ ସହିତ ସମାନ) ତ କେତେବେଳେ ତାହା ଗୃହୀତ ଅର୍ଥଠାରୁ ବୃହତ୍ତର ଅର୍ଥର ସୂଚକ। ଭାଷାର ଦ୍ୱିତୀୟୋକ୍ତ ବ୍ୟବହାର ଫଳରେ ଆମେ ଜାଣୁ ଯେ ଭାଷା ବାଚ୍ୟାର୍ଥ ପ୍ରକାଶ କରିବା ବ୍ୟତୀତ ଏକ ବ୍ୟଞ୍ଜନାର୍ଥ ମଧ୍ୟ ପ୍ରକାଶ କରେ ଏବଂ ତାକୁ ପ୍ରାଚୀନ ଅଳଙ୍କାରିକଙ୍କ ବର୍ଣ୍ଣିତ 'ଧ୍ୱନି' ବୋଲି ମଧ୍ୟ କୁହାଯାଇପାରିବ। ଏ ଧ୍ୱନି କେବଳ ପ୍ରତୀତ ଅର୍ଥ ବ୍ୟତୀତ ଅନ୍ୟ ଏକ ଅର୍ଥର ସୂଚକ ନୁହେଁ (ସେପରି ଅର୍ଥ ଶବ୍ଦମାନଙ୍କରୁ ବାଚ୍ୟାର୍ଥଦ୍ୱାରା ବର୍ଣ୍ଣିତ ହୋଇପାରିଥାନ୍ତା ଏବଂ ତାହା ନ କରିବା ଏକ ଚତୁର ପାଣ୍ଡିତ୍ୟ ବ୍ୟତୀତ ଆଉ କିଛି ନୁହେଁ), ଶବ୍ଦମାନଙ୍କର ବାଚ୍ୟାର୍ଥଦ୍ୱାରା ସ୍ପଷ୍ଟ ସୂଚିତ ନ ହୋଇ ପାରିବା ଭଳି ଏକ ଅର୍ଥ ଓ ତା'ର ରୂପାୟନ ପାଇଁ ଭଷାଦ୍ୱାରା ଏକ ପରିବେଶ ସୃଷ୍ଟି କରାଯାଏ। ଏ ପରିବେଶରେ କୌଣସି ଶବ୍ଦ, କୌଣସି ଶୈଳୀ ସ୍ୱତନ୍ତ୍ର ନୁହନ୍ତି ଏବଂ ସାମୁଦାୟିକ ଅର୍ଥ ହିଁ ଗୁରୁତ୍ୱପୂର୍ଣ୍ଣ। ଏହି ସାମୁଦାୟିକ ଅର୍ଥ ସମ୍ବନ୍ଧରେ କବି ଯେତେ ବେଶୀ ସଚେତନ, ତା'ର କଳ୍ପନାରେ ଏହାର ରୂପରେଖ ଯେତେବେଶୀ ସ୍ପଷ୍ଟ, ଭାଷା ବା ଶୈଳୀର ପାରଙ୍ଗମତା ବିଷୟରେ ସେ ସେତିକି ସନ୍ଦିହାନ। ଖାଲି ସେତିକି ନୁହେଁ, ଭାଷାର ଅସାମର୍ଥ୍ୟ ତାକୁ ଭୟବିହ୍ୱଳ କରିପକାଏ[୨], ସୁତରାଂ ଶୈଳୀର ପ୍ରୟୋଗ ଯୋଗୁଁ ବାହାଦୁରୀ ନେବାର ଅବକାଶ କାହିଁ ?

ସାର୍ଥକ କବିତା- ତା'ର ରଚନାକାଳ ବା ସେଥିରେ ବ୍ୟବହୃତ ଶୈଳୀ ମୋ ପକ୍ଷରେ ଗୁରୁତ୍ୱପୂର୍ଣ୍ଣ ନୁହନ୍ତି-ର ବିଚାର ଏକ ସମ୍ଭବ ଓ ସ୍ୱାଭାବିକ ଅନୁଭୂତିର ପାରଙ୍ଗମ ରୂପାୟନ ଉପରେ ଅବଶ୍ୟ ପ୍ରତିଷ୍ଠିତ ହେବ। ତେବେ ଏଥିପାଇଁ ପ୍ରୟୋଜନୀୟ ଭାଷାର

---

1. It is the performance of the poem which is the poem. Without this these rows of curiously assembled words are but inexplicable fabrications- Paul Valery.

2. And now, having reached the horrible vision of a pure work, I have almost lost reason and the meaning of the most familiar words - Mallarme.

ଓ ଆମର କାବ୍ୟିକ ପରମ୍ପରାରେ ଭାଷାର ପ୍ରୟୋଗର ଗୁଣ ନିର୍ଣ୍ଣୟ କରିବା ଅପ୍ରାସଙ୍ଗିକ ହେବ ନାହିଁ ଯେହେତୁ, ସାହିତ୍ୟ (ସୁତରାଂ କବିତା) ଏକ ଭାଷାଗତ କଳା। ଆଗରୁ କୁହାଯାଇଛି ଯେ ପ୍ରତ୍ୟେକ ଶବ୍ଦ ଗୋଟିଏ ବସ୍ତୁ (ଭୌତିକ ହେଉ ବା ମାନସିକ ହେଉ)ର ପ୍ରତୀକ; ଶବ୍ଦବିନ୍ୟାସଦ୍ୱାରା ଯେଉଁ ବାକ୍ୟ ଗଠିତ ହୁଏ ତଦ୍ଦ୍ୱାରା କେତେଗୁଡ଼ିଏ ବସ୍ତୁଙ୍କର ପାରସ୍ପରିକ ସମ୍ପର୍କ ସୂଚିତ ହୁଏ। କବିତାରେ ଏ ସମ୍ପର୍କ ସାଧାରଣ ଭାବବିନିମୟ ପାଇଁ ବ୍ୟବହୃତ ଭାଷାରେ ତିଆରି କରାଯାଇଥିବା ସମ୍ପର୍କଠାରୁ ଅଲଗା ଯେହେତୁ ତା'ର ବିଷୟବସ୍ତୁ ଅନ୍ତର୍ନିହିତ ଚିତ୍ତବୃତ୍ତିଦ୍ୱାରା ଯେତେ ଗ୍ରାହ୍ୟ ସ୍ଥୂଳ ଇନ୍ଦ୍ରିୟମାନଙ୍କଦ୍ୱାରା ସେତେ ଗ୍ରାହ୍ୟ ନୁହେଁ। ଦୈନନ୍ଦିନ ଭାଷାରେ ଭାବବିନିମୟକାରୀମାନେ ଏକ ସଚେତନ ମାନସିକ ପ୍ରକ୍ରିୟାରେ ଅଂଶ ଗ୍ରହଣ କରନ୍ତି ଏବଂ ବୋଧଗମ୍ୟତା ପାଇଁ ଭାବପ୍ରକାଶରେ ଏକ ନିର୍ଦ୍ଦିଷ୍ଟ ପର୍ଯ୍ୟାୟ ରକ୍ଷା କରନ୍ତି ଓ ସେହି ପର୍ଯ୍ୟାୟକ୍ରମରେ ଭାବ ଉପଲବ୍ଧି କରନ୍ତି। କବିତାର ବିଷୟବସ୍ତୁର ଗୁଣ ଦୃଷ୍ଟିରୁ ଅନେକ ସମୟରେ ଏପରି ଭାଷା ଦରକାର ପଡ଼େ ଯାହାର ସଂଗଠନ ଦୈନନ୍ଦିନ ଭାଷାର ସଂଗଠନ ଠାରୁ ପୃଥକ୍, ଭାବଜ୍ଞାପନ ପାଇଁ ଯାହାର ପର୍ଯ୍ୟାୟ ସଚେତନ ଚିତ୍ତବୃତ୍ତି ହାର ଅନୁସୃତ ପର୍ଯ୍ୟାୟଠାରୁ ପୃଥକ୍। ତା'ର ଭାଷାର ଲକ୍ଷ୍ୟ ହେଲା ଏକ ସୂକ୍ଷ୍ମ ଓ ମାନସ ଦୃଷ୍ଟିରେ ଦୃଶ୍ୟ ବସ୍ତୁର ଉପସ୍ଥାପନା ଏବଂ ସେ ବସ୍ତୁର ଉପାଦାନ ଇନ୍ଦ୍ରିୟଗ୍ରାହ୍ୟ ହୋଇପାରେ ବା ଅଚେତନ ମନର ଅଭିଜ୍ଞତା, ବିସ୍ମୃତ ଘଟଣା, ଲୋକମାନସର ସ୍ମୃତି, ସାଂସ୍କୃତିକ ପରମ୍ପରାର ଅଧୁନା ଗୌଣ ଏକ ବିଭାଗ ଯୁଗେ ଯୁଗେ ଅନୁଭୂତ ହତାଶା, ଆକାଙ୍କ୍ଷା, ଭୟ, ବିସ୍ମୟ ଇତ୍ୟାଦି ମଧ୍ୟ ହୋଇପାରେ। ପୁଣି ଏ ସବୁର ଉପସ୍ଥାପନା ଭାଷାର ଚିରାଚରିତ ପ୍ରୟୋଗଦ୍ୱାରା ସମ୍ଭବ ନ ହେଲେ ଏକ ପରିବେଶ ସୃଷ୍ଟି କରାଯାଇ ଭାଷାକୁ ଅର୍ଥପୂର୍ଣ୍ଣ କରାଯାଏ। ଏ ସମୁଦାୟ ପ୍ରଚେଷ୍ଟା କବିତାର ଲକ୍ଷ୍ୟ ସହିତ ଓତପ୍ରୋତ ଭାବେ ସମ୍ପୃକ୍ତ ଏବଂ ଏ ଲକ୍ଷ୍ୟ ହେଲା କାବ୍ୟିକ ବକ୍ତବ୍ୟର ଆନ୍ତରିକ ଉପଲବ୍ଧି ଯାହା କେବଳ ବୌଦ୍ଧିକ ଉପଲବ୍ଧି ନୁହେଁ ବା ସାଧାରଣ ଭାଷା ଜରିଆରେ ହାସଲ୍ ହେଉଥିବା ପର୍ଯ୍ୟାୟବିଶିଷ୍ଟ ଉପଲବ୍ଧି ନୁହେଁ। ସଂସ୍କୃତ କାବ୍ୟତତ୍ତ୍ୱରେ 'ରସ' ଏପରି ଏକ ଉପଲବ୍ଧି ଉପରେ ପ୍ରତିଷ୍ଠିତ। ଭରତ ମୁନିଙ୍କ 'ନାଟ୍ୟଶାସ୍ତ୍ରମ୍'ରେ କୁହାଯାଇଛି ଯେ ଅନୁଭୂତିଦ୍ୱାରା ପ୍ରକଟ ହେଉଥିବା ଅର୍ଥକୁ ଭାବ କୁହାଯାଏ ଏବଂ ଏହାହିଁ ରସାନୁଭୂତି ସଞ୍ଚାର କରେ ଯାହାର ଓ କ୍ଷିପ୍ର ବ୍ୟାପକତା ଶୁଖିଲା କାଠରେ ଲାଗିଥିବା ନିଆଁ ସହିତ ତୁଳନୀୟ (ଯୋଽର୍ଥୋ ହୃଦୟସଂବାଦୀ ତସ୍ୟ ଭାବୋ ରସୋଦ୍‌ଭବଃ/ଶରୀରଂ ବ୍ୟାପ୍ୟତେ ତେନ ଶୁଷ୍କଂ କାଷ୍ଠମିବାଗ୍ନିଚ)। ସେହିପରି ଆନନ୍ଦବର୍ଦ୍ଧନ (ଧ୍ୱନ୍ୟାଲୋକ)ଙ୍କ ମତରେ ସହୃଦୟତା ବ୍ୟତିରେକେ ରସାନୁଭୂତି ଅସମ୍ଭବ। ଏପରି ପରିଣାମ ଭାଷାର ନିତିଦିନିଆ

ପ୍ରୟୋଗରୁ ମିଳିବା କଷ୍ଟସାଧ୍ୟ, ସୁତରାଂ ଭାଷାର ଏକ ସ୍ୱତନ୍ତ୍ର ଏବଂ ତାତ୍ପର୍ଯ୍ୟପୂର୍ଣ୍ଣ ପ୍ରୟୋଗଦ୍ୱାରା କବିତା ସଫଳ ହୁଏ।

ଭାଷାର ଏପରି ପ୍ରୟୋଗ ଫଳରେ କବିତା ଅବୋଧ୍ୟ ହୋଇଗଲା ବୋଲି ଅନେକ ସମୟରେ ଶୁଣିବାକୁ ମିଳେ। ସାହିତ୍ୟର ଅନ୍ୟାନ୍ୟ ବିଭାଗ ପରି କବିତା ଏକ ଭାଷାଗତ କଳା ଏବଂ ଭାଷାର ପ୍ରୟୋଗଭଙ୍ଗୀ ଯେପରି ହେଉନା କାହିଁକି ଭାଷାର ପ୍ରଧାନ ଉଦ୍ଦେଶ୍ୟ-ଅର୍ଥାତ୍ ଭାବଜ୍ଞାପନ-ସାଧିତ ହେବା ଆବଶ୍ୟକ[୩]। ଯଦି ତାହା ନ ହୁଏ, ଭାଷାର ଯଥାର୍ଥ ବିନିଯୋଗ ହୋଇନାହିଁ ବୋଲି ଅବଶ୍ୟ କୁହାଯିବ। କେବଳ କେତେଗୁଡ଼ିଏ ଶବ୍ଦ ସଜେଇ ରଖିଦେଲେ ବାକ୍ୟ ହୁଏ ନାହିଁ ଏବଂ ପ୍ରତ୍ୟେକ ଶବ୍ଦ ମଧ୍ୟରେ ଏକ ବୋଧଗମ୍ୟ ସମ୍ପର୍କ ଆବଶ୍ୟକ। ଏହି ମୂଳ ନିୟମ କବିତା ପାଇଁ ମଧ୍ୟ ପ୍ରଯୁଜ୍ୟ ଯଦିଓ ଏ ସମ୍ପର୍କର ଗୁଣ ଓ ସୁତରାଂ ଭାଷାର ବ୍ୟବହାର ପଦ୍ଧତି ପୃଥକ୍ ହେବ। କବିତାର ବିଷୟବସ୍ତୁ ଅତୀନ୍ଦ୍ରିୟ ଅନୁଭୂତ ହେଲେ ମଧ୍ୟ ପାଠକ ପକ୍ଷରେ ତା'ର ଉପଲବ୍ଧି ବ୍ୟତିରେକେ ଭାଷା ବ୍ୟବହାରର କିଛି ତାତ୍ପର୍ଯ୍ୟ ନ ଥାଏ,[୪] କିନ୍ତୁ ଭାଷାର ସ୍ୱତନ୍ତ୍ର ପ୍ରୟୋଗଭଙ୍ଗୀ ଯୋଗୁଁ ଯେତେବେଳେ କବିତାକୁ ଦୁର୍ବୋଧ୍ୟ କୁହାଯାଏ ସେତେବେଳେ ଏ ଅଭିଯୋଗ ଅନ୍ତଃସାରଶୂନ୍ୟ। ଏ ପ୍ରକାର ଅଭିଯୋଗର ଏକ ଐତିହାସିକ ପୃଷ୍ଠଭୂମି ଅଛି ଯାହାକୁ ସ୍ଥୂଳତଃ ଦୁଇଭାଗରେ ବିଭକ୍ତ କରା ଯାଇପାରେ। ଦୁଇଟିଯାକ ବିଭାଗ ପୂରାପୂରି ଅଲଗା ନୁହନ୍ତି ଏବଂ ଅନେକ ସମୟରେ ଉଭୟଙ୍କର ସମ୍ମିଶ୍ରଣ ସମ୍ପୂର୍ଣ୍ଣ ହୋଇଥାଏ, ତଥାପି ଆଲୋଚନା ପାଇଁ ଏ ପ୍ରକାର ବିଭାଜନ ପ୍ରୟୋଜନୀୟ। ପ୍ରଥମତଃ, ଆମର ସାଂସ୍କୃତିକ ପରମ୍ପରାରେ ବର୍ଣ୍ଣନାତ୍ମକ କାବ୍ୟର ବହୁଳତା ଯୋଗୁଁ କାବ୍ୟିକ ଅନୁଭୂତି ଇନ୍ଦ୍ରିୟଗତ ହୋଇପଡ଼ିଛି, ଅର୍ଥାତ୍ କାବ୍ୟିକ ଆଲୋଡ଼ନ ଇନ୍ଦ୍ରିୟଗତ ନ ହେଲେ ତାହା ବସ୍ତୁତଃ ଆଲୋଡ଼ନ ହୁଏ ନାହିଁ। ଯେଉଁ ସାହିତ୍ୟରେ ଏହାର ବ୍ୟତିକ୍ରମ ଥିଲା ତାହା ନାନାଦି ସାମାଜିକ କାରଣବଶତଃ ଜନସାଧାରଣଙ୍କ ନିକଟରେ ପହଞ୍ଚିପାରୁ ନ

---

3. There is certainly an element of delirium in every poetic creation, but the delirium must be purified and separated from the ineffective or hermful residue. In my case, it is through simplicity and lucidity that I succeed in confronting my central secrets and in purifying my deepest poetry. I strive until the supernatural becomes natural and flows easily (or seems to), and until the ineffable becomes familiar without losing its fabulous source - Jules Supervielle.

୪. ଶବ୍ଦାର୍ଥୌ ସହିତୌ କାବ୍ୟଂ-ଭାମହ।

ଥିଲା ଏବଂ ସେମାନଙ୍କ ନିକଟରେ ପରିବେଶିତ ସାହିତ୍ୟରେ ପୌରାଣିକ ବା ଐତିହାସିକ ଘଟଣାବଳୀର ଛନ୍ଦୋବଦ୍ଧ ବର୍ଣ୍ଣନା ପ୍ରାଧାନ୍ୟ ଲାଭ କରିଥିଲା । ତା'ଛଡ଼ା ଯେଉଁ ସଂସ୍କୃତ ଭାଷାରେ ଉଚ୍ଚତର କଳ୍ପନାଦ୍ୱାରା ସମୃଦ୍ଧ ସାହିତ୍ୟ ଲେଖା ଯାଉଥିଲା ତାହା ସମ୍ଭବତଃ କସ୍ମିନ୍‌କାଳେ ଲୋକଙ୍କର କଥିତ ଭାଷା ନ ଥିଲା । ଦେଶର ବିଭିନ୍ନ ପ୍ରାନ୍ତରେ ପ୍ରଚଳିତ ବିଭିନ୍ନ ପ୍ରାକୃତ ଭାଷା ଦୈନନ୍ଦିନ ଜୀବନର ଭାଷା ଥିଲା ଏବଂ ସେ ଭାଷାଗୁଡ଼ିକର ଶବ୍ଦ ଭଣ୍ଡାରରେ ଷ୍ଟାଣ୍ଡାର୍ଡ ସଂସ୍କୃତ ଭଷାର ଅନେକ ଶବ୍ଦ ଥିବା ସତ୍ତ୍ୱେ ଏବଂ ସେ ଭାଷାଗୁଡ଼ିକର ବ୍ୟାକରଣ ସଂସ୍କୃତ ବ୍ୟାକରଣର ନିୟମଦ୍ୱାରା ମୋଟାମୋଟି ନିୟନ୍ତ୍ରିତ ହେଉଥିବା ସତ୍ତ୍ୱେ ସେଗୁଡ଼ିକର ସ୍ୱାତନ୍ତ୍ର୍ୟ ଅବିସମ୍ବାଦିତ । ତା' ନ ହୋଇଥିଲେ ଆଜି ଭାରତବର୍ଷରେ ଏତେଗୁଡ଼ିଏ ପ୍ରାନ୍ତୀୟ ଭାଷା ଓ ସାହିତ୍ୟ ଦେଖିବାକୁ ମିଳୁ ନ ଥାନ୍ତା । ଏହି ପ୍ରାକୃତ ଭାଷାମାନଙ୍କରେ ରଚିତ ସାହିତ୍ୟ ଜନସାଧାରଣଙ୍କର କଳ୍ପନାଶକ୍ତିଦ୍ୱାରା ଗ୍ରାହ୍ୟ ହେବାକୁ ହେଲେ ଭାଷାକୁ ସେମାନଙ୍କର ପରିଚିତ ପ୍ରୟୋଗ ପଦ୍ଧତିରେ ହିଁ ପ୍ରୟୋଗ କରିବା ସ୍ୱାଭାବିକ, ବିଶେଷତଃ ଯେତେବେଳେ ସାହିତ୍ୟ ଲିପିବଦ୍ଧ ହେବାରେ ଅସୁବିଧା ଥିଲା ଏବଂ ଏହାର ପ୍ରସାର ପାଇଁ ମୁଖସ୍ଥ ଆବୃତ୍ତି ଛଡ଼ା ଦ୍ୱିତୀୟ ପନ୍ଥା ପ୍ରାୟ ନ ଥିଲା । ଏହା ଭିତରେ ଶିକ୍ଷାର ପ୍ରସାର ଘଟିଛି ସତ୍ୟ, ମାତ୍ର ତା'ର ଗୁଣାତ୍ମକ ପ୍ରଭାବ ଏତେ ନୁହେଁ ଯେ ତାହା ପରମ୍ପରାଗତ ସାଂସ୍କୃତିକ ବ୍ୟବହାରକୁ ହଠାତ୍ ପରବର୍ତ୍ତିତ କରିଦେବ ।

ଦ୍ୱିତୀୟ ଦିଗଟି ହେଲା ସାମାଜିକ ବ୍ୟବସ୍ଥା ଯାହାର ସୂଚନା ପୂର୍ବ ପଙ୍‌କ୍ତିରୁ ମିଳିଥିବ । ସଂସ୍କୃତ ଭାଷାର ପ୍ରାଧାନ୍ୟ ହ୍ରାସ ସହିତ ପ୍ରତିଷ୍ଠାସମ୍ପନ୍ନ ସଂଖ୍ୟାଲଘୁ ଗୋଷ୍ଠୀର ପ୍ରାଧାନ୍ୟ ମଧ୍ୟ ହ୍ରାସ ପାଇଲା ଏବଂ ଏହି ଗୋଷ୍ଠୀର ସାଂସ୍କୃତିକ ଚେତନା ବିଭିନ୍ନ ସାମାଜିକ କାରଣ ଓ ସମ୍ଭବତଃ ଏକ ରକ୍ଷଣଶୀଳ ମନୋବୃତ୍ତି ଯୋଗୁଁ ସଂଖ୍ୟାବହୁଳ ଗୋଷ୍ଠୀକୁ ସଞ୍ଚାରିତ ହୋଇ ପାରିଲା ନାହିଁ । ଏହି ଚେତନା ମଧ୍ୟ କ୍ରମଶଃ କ୍ଷୟ ହେବାକୁ ଲାଗିଲା ଏବଂ ପରେ ଯେତେବେଳେ ସଂସ୍କୃତ ସାହିତ୍ୟରେ ବ୍ୟୁତ୍ପତ୍ତି ଲାଭ କରିଥିବା ଲେଖକମାନେ ପ୍ରାନ୍ତୀୟ ସାହିତ୍ୟ ରଚନାରେ ମନୋନିବେଶ କଲେ ସେମାନଙ୍କ ଦୃଷ୍ଟିରେ ସଂସ୍କୃତ ସାହିତ୍ୟର ବାହ୍ୟ ଆଭରଣ (ନାନାଦି ଅଳଙ୍କାର) ଗୁରୁତ୍ୱ ଲାଭ କଲା ଯେହେତୁ ସେପରି କୌଶଳଦ୍ୱାରା ସେମାନେ ଏପରି ସାହିତ୍ୟ ଲେଖି ପାରିଲେ ଯାହା ଲୋକସାହିତ୍ୟଠାରୁ ସୁଦୃଶ୍ୟ ଭାବେ ପୃଥକ୍ ଦେଖାଗଲା ।

ଏପରି ଆଲୋଚନାର ଅନ୍ତ ନାହିଁ । ଖାଲି ଏତିକି ଜାଣିଲେ ଯଥେଷ୍ଟ ହେବ ଯେ ବର୍ଣ୍ଣନାତ୍ମକ କାବ୍ୟର ପରମ୍ପରାଦ୍ୱାରା ତିଆରି ଚେତନା ପକ୍ଷରେ ଏକ ସୂକ୍ଷ୍ମତର କଳ୍ପନାପ୍ରସୂତ ଭାବ ବା ବିଷୟର ଉପଲବ୍ଧି କଷ୍ଟକର ଏବଂ ଯଦିଓ କୌଣସି କବିତାରେ

(ଆଧୁନିକ କବିତାରେ ବି ନୁହେଁ) ଦୁର୍ବୋଧତା ମୁଁ ସମର୍ଥନ କରିବାକୁ ପ୍ରସ୍ତୁତ ନୁହେଁ, ଆମେ ବିଶ୍ଳେଷଣ କରି ଦେଖିବା କଥା ଯେ କୌଣସି ନିର୍ଦ୍ଦିଷ୍ଟ ଅଭିଯୋଗ ଐତିହାସିକ କାରଣବଶତଃ ଅପ୍ରାସଙ୍ଗିକ ନୁହେଁ। ଆଜିର କବି ନିଶ୍ଚୟ ବେଶି ବେଶି ନିଜ ଭିତରକୁ ଯିବାକୁ ଚେଷ୍ଟା କରିବ ଏବଂ କବିତାର ବକ୍ତବ୍ୟରେ ନିଜ ଭିତରେ ମିଳୁଥିବା ଉପାଦାନ ବେଶି ବେଶି ରଖିବାକୁ ଚାହିଁବ। ତା'ର କାରଣ ଆତ୍ମପ୍ରେମ ହୋଇପାରେ, ନ ହେଇ ବି ପାରେ। ତା'ର ଅନୁଭୂତି ଯଦି ଅନ୍ୟ କେତେକଙ୍କର ଅନୁଭୂତି ବୋଲି ତା'ର ବିଶ୍ୱାସ ହେଲା, ସେମାନଙ୍କଠାରେ ସେହି ଭାବର ଉଦ୍ରେକ ପାଇଁ ସେ ଯେଉଁ ଭାଷା ବା କାବ୍ୟିକ ଉପାଦାନ ବ୍ୟବହାର କରିବ ତାହା ବ୍ୟକ୍ତିଗତ ହେଲେ ମଧ୍ୟ ଅବାନ୍ତର ହେବନାହିଁ ବୋଲି ତା'ର ଆଶା କରିବା ସ୍ୱାଭାବିକ।

କିନ୍ତୁ ଏହି ତଥାକଥିତ କ୍ଲିଷ୍ଟତାର ଅନ୍ୟ ଏକ କାରଣ ଅଛି ଯାହା ଇତିହାସଗତ ବା ଶୈଳୀଗତ ନୁହେଁ। ଘଟଣା ସମୟରେ ଅବସ୍ଥିତ, ଅର୍ଥାତ୍ ତାହା ପର୍ଯ୍ୟାୟବିଶିଷ୍ଟ ଏବଂ ପ୍ରତ୍ୟେକ ପର୍ଯ୍ୟାୟର ବ୍ୟାପ୍ତି ତା'ର ପୂର୍ବବର୍ତ୍ତୀ ତଥା ପରବର୍ତ୍ତୀ ପର୍ଯ୍ୟାୟଦ୍ୱାରା ନିର୍ଦ୍ଦିଷ୍ଟ। ଏହାର ବିକାଶର କ୍ରମ ସୁସ୍ପଷ୍ଟ ଏବଂ ଆମେ ଆମର ଅଭିଜ୍ଞତାଦ୍ୱାରା ଜାଣୁ ଯେ ଏହି କ୍ରମ ସ୍ୱାଭାବିକ। ପୁଣି ଗୋଟିଏ ଘଟଣାର ପ୍ରତ୍ୟେକ କ୍ରମ ସହିତ ଅନ୍ୟ ଏକ ଘଟଣାର ଅନ୍ୟ ଏକ କ୍ରମ ସମସାମୟିକ ଏବଂ ସେମାନଙ୍କର ଏହି ସମ୍ପର୍କ କେତେବେଳେ ଆକସ୍ମିକ, କେତେବେଳେ ଘନିଷ୍ଠ ଓ ବ୍ୟବହାରସିଦ୍ଧ। ଯଦି ବସନ୍ତ ଋତୁରେ କାହାର ଘରତୋଳା ହେଲା, ଘରତୋଳା ସହିତ ବସନ୍ତ ଋତୁର ସମ୍ପର୍କ ଆକସ୍ମିକ ଯେହେତୁ ଅନ୍ୟାନ୍ୟ ଋତୁରେ ମଧ୍ୟ ଘରତୋଳା ହୁଏ। କିନ୍ତୁ ବସନ୍ତ ଋତୁ ସହିତ କୋଇଲିର ସ୍ୱନ ଘନିଷ୍ଠ ଭାବେ ଜଡ଼ିତ ଯେହେତୁ ଅନ୍ୟାନ୍ୟ ଋତୁରେ କୋଇଲିର ଶବ୍ଦ ପ୍ରାୟ ଶୁଭେ ନାହିଁ। ଏ ସମ୍ପର୍କ କାର୍ଯ୍ୟ-କାରଣ ସମ୍ପର୍କ ହୋଇପାରେ, ନ ହୋଇ ବି ପାରେ, ମାତ୍ର ଏହି ସମ୍ପର୍କୀୟ ଘଟଣା ଦୁଇଟିଙ୍କର ସମ୍ପର୍କ ବ୍ୟବହାରସିଦ୍ଧ, ସୁତରାଂ ଅଭିଜ୍ଞତା ଫଳରେ ଆମର ଏ ଦୁଇଟି ଘଟଣା ଭିତରେ ସମ୍ପର୍କ କଳ୍ପନା କରିବା ସ୍ୱାଭାବିକ। ଏଥିରୁ ଗୋଟିଏ ଘଟଣା ଆମେ ଦେଖିଲେ ଅନ୍ୟ ଘଟଣାଟି ଘଟିଥିବ ବୋଲି ଧରିନିଆଯାଏ, ଯେପରି କୋଇଲିର ଶବ୍ଦ ଶୁଭିଲେ ବସନ୍ତ ଋତୁ ଉପସ୍ଥିତ ବୋଲି ଧରିନିଆଯାଏ। ମୋଟାମୋଟିଭାବେ କହିଲେ କୌଣସି ଘଟଣାର ସ୍ୱାଭାବିକ କ୍ରମ ଆମ ପକ୍ଷରେ ସହଜରେ ବୋଧଗମ୍ୟ। ବର୍ଣ୍ଣନାତ୍ମକ କବିତାରେ ଘଟଣାର ସ୍ୱାଭାବିକ କ୍ରମ ରକ୍ଷା କରାଯାଇଥାଏ ଯାହାଫଳରେ ଅଭିଜ୍ଞତା ଏବଂ ଅନୁମାନଶକ୍ତି ବଳରେ କାବ୍ୟିକ ବିଷୟବସ୍ତୁର ଉପଲବ୍ଧି ସହଜ ହୁଏ।

ବର୍ଣ୍ଣନାତ୍ମକ କବିତାଠାରୁ ଆଜିର କବିତାର ପାର୍ଥକ୍ୟ ସମ୍ଭବତଃ ସମୟର ପୃଥକ୍ ଭୂମିକାରୁ ସବୁଠାରୁ ବେଶି ସ୍ପଷ୍ଟ ହେବ। କେବଳ କବିତାରେ ନୁହେଁ, ଆଜିର ଜୀବନରେ ସମୟର ଉପଲବ୍ଧି ଏକ ପୃଥକ୍ ଧରଣର। ତା'ର କାରଣ ଏଠାରେ ଆଲୋଚ୍ୟ ନୁହେଁ, କିନ୍ତୁ ଏତିକି ଅନ୍ତତଃ ସ୍ପଷ୍ଟ ଯେ ଆଧୁନିକ ଚେତନାରେ ଘଟଣାର ପର୍ଯ୍ୟାୟ ଅପେକ୍ଷା ମୁହୂର୍ତ୍ତର ଉପଲବ୍ଧି ବହୁଳତର ଓ ଅପେକ୍ଷାକୃତ ବେଶୀ ଆନ୍ତରିକ। ଏ ଉପଲବ୍ଧିରେ ସମୟର ପ୍ରଚଳିତ ସଂଜ୍ଞା ଓଲଟପାଲଟ ହୋଇଯାଏ, ଅର୍ଥାତ୍ ଘଟଣାର ବ୍ୟବହାରସିଦ୍ଧ ପର୍ଯ୍ୟାୟମାନଙ୍କର କ୍ରମ ଭାଙ୍ଗିଯାଏ। ଅନୁଭୂତିର ତୀବ୍ର ବ୍ୟାପକତାରେ ଘଟଣାର ନିଜସ୍ୱ ବାସ୍ତବତା (ଯଥା, ଯୁଦ୍ଧର ପରିଣାମକୁ ବାଦ ଦେଇ ଯୁଦ୍ଧର ବାସ୍ତବତା) ରହେ ନାହିଁ ଏବଂ ତେଣୁ ତା'ର ପର୍ଯ୍ୟାୟମାନଙ୍କର କ୍ରମ ଇନ୍ଦ୍ରିୟାନୁଭୂତି ବା ଅନୁମାନଶକ୍ତିଦ୍ୱାରା ପ୍ରତୀତ ହୁଏନାହିଁ। ଏ ଅନୁଭୂତି ସାଧାରଣତଃ ବିଷଣ୍ଣ; ଏକ ବିଷଣ୍ଣ ଚେତନାହିଁ ସ୍ୱଭାବତଃ ଅନ୍ତର୍ମୁଖୀ ଏବଂ ସ୍ୱଭାଦତଃ ଘଟଣାର ପର୍ଯ୍ୟାୟ ପ୍ରତି ଉଦାସୀନ ଯେହେତୁ କୌଣସି ପର୍ଯ୍ୟାୟର ପରିଣାମ ଅନ୍ୟ କୌଣସି ପର୍ଯ୍ୟାୟର ପରିଣାମଠାରୁ ଉତ୍କୃଷ୍ଟ ବୋଲି ତା'ର ବିଶ୍ୱାସ ନୁହେଁ। ସେ ବିଷଣ୍ଣତାର ଭିତ୍ତି ମାନବବାଦ। ମାନବ ସମାଜ ପ୍ରତି ସହୃଦୟତା ନ ଥିଲେ ଚେତନା ବିଷଣ୍ଣ ହୁଅନ୍ତା ନାହିଁ। ପାପ ବା ଅନ୍ୟାୟ ବା ଦୁଃଖ ପ୍ରତି ସଚେତନ ହେବା ଅର୍ଥ ଏପରି କଥା ଘଟୁଥିବା ମୁହୂର୍ତ୍ତ ପ୍ରତି ସଚେତନ ହେବା ଏବଂ ସେହି ମୁହୂର୍ତ୍ତ କାଳର ନିରବଚ୍ଛିନ୍ନ ପ୍ରବାହରୁ ଅଲଗା ହୋଇ ରହିଯାଏ ଓ ଚେତନାକୁ ଆକ୍ରାନ୍ତ କରେ। ଯଦି ଏପରି ଅଭିଜ୍ଞତା ଆନ୍ତରିକ ହୋଇ ନ ଥାନ୍ତା, ସମୟର ଚିରାଚରିତ ଉପଲବ୍ଧି ଅଲଗା ଠିଆହୋଇ ରହି ନ ଥାନ୍ତା, ଯେମିତି ବସନ୍ତ ଋତୁ ଅତିକ୍ରାନ୍ତ ହେବାର ବହୁଦିନ ପରେ କୋଇଲିର ଶବ୍ଦ। ତା' ଛଡ଼ା ଏପରି ଚେତନା ଅବଶ୍ୟ ଏକ ମୃତ୍ୟୁ-ଚେତନାରେ ପରିଣତ ହେବ। ଘଟଣା ଘଟିଯିବା ପରେ ଘଟିଥିବା ମୁହୂର୍ତ୍ତଟି ଅତୀତ କାଳ, ଏବଂ ଅତୀତ ବିଷୟରେ ଆମେ ସଚେତନ ହେବା ଅର୍ଥ କାଳର ଅଣବାହୁଡ଼ା ପ୍ରବାହ, ତା'ର କ୍ଷୟକାରୀ ପରିଣାମ ଏବଂ ତା'ର ଗୋଟିଏ ଅବସ୍ଥାରେ ଜୀବର ବିଲୟ ବିଷୟରେ ସଚେତନ ହେବା। ଅତୀତ ଯଦି ଏପରି ଭାବେ ଅନୁଭୂତ ନ ହୋଇ କେବଳ ଗୋଟିଏ ପ୍ରାକୃତିକ ପର୍ଯ୍ୟାୟଭାବେ ଅନୁଭୂତ ହେଉଥାନ୍ତା ଏବଂ ଯଦି ଆହ୍ଲାଦ ହିଁ ସର୍ବପ୍ରଧାନ ଅନୁଭୂତି ହୋଇଥାନ୍ତା, ମୁହୂର୍ତ୍ତର ଏପରି କରୁଣ ଅତିକାୟତା ଅସମ୍ଭବ ହୋଇଥାନ୍ତା ଏବଂ ଋତୁବର୍ଣ୍ଣନା ବା କୌଣସି ଘଟଣାର ଅନ୍ୟ ଏକ ଘଟଣା ସହିତ କାବ୍ୟିକ ସମ୍ପର୍କ ଉପସ୍ଥାପିତ କଲା ବେଳେ ବ୍ୟାକୁଳତା ବା ସନ୍ତପ୍ତତାର ଅବକାଶ ନ ଥାନ୍ତା।

କାରଣ ଯାହା ହେଉନା କାହିଁକି, ସମୟର ଏପରି ଉପଲବ୍ଧିର ଉପସ୍ଥାପନା ସାଧାରଣ ଚିତ୍ତବୃତ୍ତି ପକ୍ଷରେ ଅନେକ ସମୟରେ ଅବୋଧ ହୋଇପଡ଼େ ଯେହେତୁ ସେ ଚିତ୍ତବୃତ୍ତି ସମୟକୁ ଘଟଣାମାନଙ୍କର ଚିରାଚରିତ ପର୍ଯ୍ୟାୟ ମାଧ୍ୟମରେ ଉପଲବ୍ଧି କରିବାରେ ଅଭ୍ୟସ୍ତ। ତା'ଛଡ଼ା ଏଥିପାଇଁ ଭାଷାର ଏକ ପୃଥକ୍ ପ୍ରୟୋଗ ଦରକାର ପଡ଼େ। ଆଗରୁ ମୁଁ କହିଛି ଯେ ଯେଉଁ ଅନୁଭୂତି କେବଳ ଇନ୍ଦ୍ରିୟସର୍ବସ୍ୱ ନୁହେଁ ତାକୁ ପ୍ରକଟ କରିବା ପାଇଁ ଭାଷାର ଏକ ସ୍ୱତନ୍ତ୍ର ପ୍ରୟୋଗ ଲୋଡ଼ା। ଯେତେବେଳେ ସେ ଅନୁଭୂତି କାଳର ପ୍ରବାହରୁ ବିଚ୍ଛିନ୍ନ ଏକ ମୁହୂର୍ତ୍ତରେ ଅବସ୍ଥିତ, ସେତେବେଳେ ଭାଷା ଉପରେ ଏପରି ଏକ ଭାର ବହନ କରିବାର ଦାୟିତ୍ୱ ପଡ଼େ ଯାହା ଦୈନନ୍ଦିନ ଜୀବନରେ ସାଧାରଣତଃ ପଡ଼େ ନାହିଁ, ସୁତରାଂ ଭାଷା ଦୈନନ୍ଦିନ ଜୀବନରେ ବିରଳ କେତେକ ଉପାୟ ଅବଲମ୍ବନ କରିବାକୁ ବାଧ୍ୟ ହୁଏ। କବିତାରେ ଦୁର୍ବୋଧ୍ୟତାର ପକ୍ଷ ସମର୍ଥନ କରିବା ମୋର ଉଦ୍ଦେଶ୍ୟ ନୁହେଁ; ଦୁର୍ବୋଧ୍ୟତା ସମ୍ପର୍କରେ ମୁଁ ମୋର ମତ ଆଗରୁ ସ୍ପଷ୍ଟ କରି ଦେଇଛି ଏବଂ ପୁନର୍ବାର କହୁଛି ଯେ ଭାଷା ଯେଉଁ ଉପାୟ ଅବଲମ୍ବନ କରୁନା କାହିଁକି, ଏହା ପରିଶେଷରେ ଅବଶ୍ୟ ଭାବଜ୍ଞାପକ ହେବ ଏବଂ କବିତାର ସାର୍ଥକତା ଏତଦ୍ୱାରା ହିଁ ନିର୍ଣ୍ଣିତ ହେବ।

କିନ୍ତୁ ଏ ସବୁ କହିବାର ଆବଶ୍ୟକତା କ'ଣ? ସତ କହିବାକୁ ଗଲେ ମୁଁ ଜାଣେନାହିଁ। ମୋର କବିତାର ଏକ ନିର୍ଦ୍ଦିଷ୍ଟ ତାତ୍ତ୍ୱିକ ଭିତ୍ତି ଅଛି ବୋଲି ଦାବି କରିବାର ଆତ୍ମ-ପ୍ରବଞ୍ଚନା ମୋର ନାହିଁ; ବରଂ କେତେକ ଔପନ୍ୟାସିକ କହିଲା ପରି ମୁଁ କହିବି ଯେ ଯଦି ଏ ପ୍ରବନ୍ଧର ବକ୍ତବ୍ୟ ସହିତ କବିତାଗୁଡ଼ିକର କିଛି ସାଦୃଶ୍ୟ ଥାଏ ତାହା ପୂରାପୂରି ଆକସ୍ମିକ। ଉତ୍କୃଷ୍ଟ କବିତାର ସଂଜ୍ଞା ଦେବା ନିଶ୍ଚୟ କଷ୍ଟକର, ତେବେ ଯାହା କବିତା ନୁହେଁ ତାକୁ ଚିହ୍ନିବା ବିଶେଷ ପରିଶ୍ରମସାପେକ୍ଷ ନୁହେଁ। ଏହା ନିଶ୍ଚୟ କବିର ଶୈଳୀ ନୁହେଁ, କେତୋଟି କୌଶଳର ବାରମ୍ବାର ସଚେତନ ପ୍ରୟୋଗ ନୁହେଁ, କୌଣସି ଦୃଷ୍ଟିଭଙ୍ଗୀର ନିର୍ଭୟ ପୃଷ୍ଠପୋଷକତା ମଧ୍ୟ ନୁହେଁ। ଏହି ବୁଝାମଣା ଅଭାବରୁ କବିତାର ସମୁଦାୟତା ବଦଳରେ କାବ୍ୟିକ କୌଶଳର ସଙ୍ଗତିହୀନ ଅବସ୍ଥିତି ଅନେକ ସମୟରେ କବିତା ବୋଲି ଗୃହୀତ ହୋଇଥାଏ। କବିତା ସମ୍ବନ୍ଧରେ ଆଜିକାଲି ଲେଖାଯାଉଥିବା ନାନାଦି ଅବାନ୍ତର କଥାଦ୍ୱାରା ଅନେକ ସମୟରେ ବିଚାର-ବିଭ୍ରମ ହୋଇଥାଏ ଏବଂ କବିତାର ବକ୍ତବ୍ୟ (ଯଦି କିଛି ଥାଏ) ଗୌଣ ହୋଇଯାଇ କବିର କାଇଦା ମୁଖ୍ୟ ହୋଇଯାଏ। ମୋର କେବଳ ଏତିକି କହିବା କଥା ଯେ ଯେଉଁ କବିମାନଙ୍କର ଅନ୍ତର୍ଦୃଷ୍ଟି ଏକ ବିରାଟ ଭାବାନୁଭୂତିର ବିସ୍ତୃତ ବାସ୍ତବତା ଉପରେ ନିବଦ୍ଧ ସେମାନଙ୍କ ପକ୍ଷରେ ଅନେକ ସମୟରେ ବଡ଼ ପାଟିରେ କହିବା ଗର୍ହିତ, ସୁତରାଂ ସେମାନଙ୍କର ଅନୁଚ୍ଚସ୍ୱରରେ

ବକ୍ତବ୍ୟ ପ୍ରତି ଆମେ ଯେପରି ବଧିର ହୋଇ ନ ଯାଉ। ସେମାନେ ଆପଣଙ୍କୁ ମନମତାଣିଆ ଗୀତ (ଯେଉଁଥିରେ ବିଷାଦ ମଧ୍ୟ ମପାଚୁପା) ଶୁଣାଇ ପାରିବେ ନାହିଁ; କିନ୍ତୁ ସେମାନେ ଆପଣଙ୍କୁ ଆପଣଙ୍କର ଅନ୍ତରାତ୍ମାର ସ୍ପର୍ଶ ଦେଇ ପାରିବେ ଯାହା ଆପଣ କ୍ୱଚିତ୍ ପାଇଥିବେ। ସେ କବି କେବର ଏବଂ ତାଙ୍କର ଶୈଳୀର ବୈଶିଷ୍ଟ୍ୟ କ'ଣ ସେ କଥା ପଛରେ ଉଠିବ, ଯଦି ଆଦୌ ଉଠେ।

ରମାକାନ୍ତ ରଥ

BLACK EAGLE BOOKS

www.blackeaglebooks.org
info@blackeaglebooks.org

Black Eagle Books, an independent publisher, was founded as a nonprofit organization in April, 2019. It is our mission to connect and engage the Indian diaspora and the world at large with the best of works of world literature published on a collaborative platform, with special emphasis on foregrounding Contemporary Classics and New Writing.

www.ingramcontent.com/pod-product-compliance
Lightning Source LLC
Chambersburg PA
CBHW020541080526
44583CB00013B/944
* 9 7 8 1 6 4 5 6 0 4 1 3 6 *